地図の見かた

「レールウェイマップル」は鉄道に関する多様な項目や、景観、食、温泉などの旅には欠かせない情報を、地図上に集約させた本格ガイドマップです。
鉄道旅行のプランニングやナビに活用できるさまざまな工夫を施しています。

詳細図
縮尺1:40,000〜

図番と縮尺
地図ページは見開きごとに番号を設け、右側にその地図の縮尺を表示しています。

隣接ページ
周囲（タテ・ヨコ・ナナメ）の地図の図番を表示しています。

索引符号
アルファベット（ヨコ）と数字（タテ）で分割。豊岡駅の索引表示は2 D-3になります。

おもな掲載路線

1マスの1辺の長さが10km（広域図のみ）

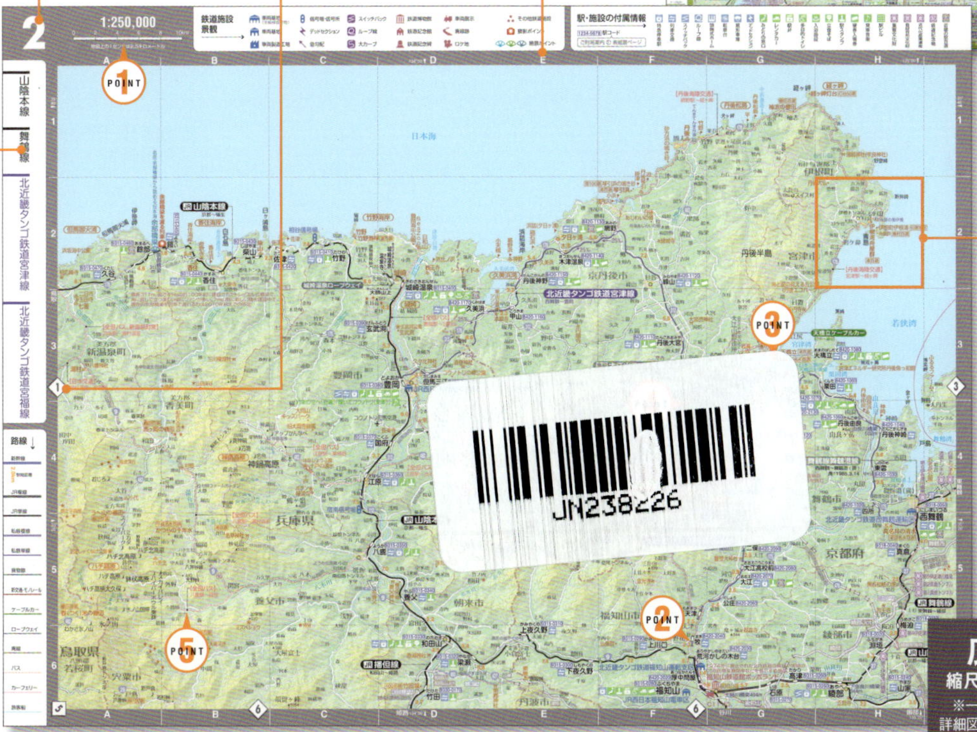

広域図
縮尺1:250,000〜
※一部の広域図内に詳細図を収録しています。

POINT ❶

大きな縮尺

列車に乗りながら位置確認が楽しめる大きな縮尺（1/25万）をメッシュ方式でエリア全域を網羅。都市部などの過密地域はさらに大きな詳細図を収録しています。

POINT ❷

充実の路線・施設情報

新幹線、JR線、私鉄線など路線の種類、単線・複線の区別、トンネルや地下などの構造の違いなどをわかりやすく図示。また、駅などの鉄道施設には設備、サービス、選定物などの付属情報を表示しています。

路線の表示

駅の表示

おおさか 大阪 9323-0150 ←駅コード（左ページ参照）
↑駅の付属情報
メディオ新大阪／ギャレ大阪 エスト／Crost（クロスト） 噴水小僧
➡ 大阪駅は、特急列車などがあることを示します。

POINT ❸

景観と地形表現

車窓からの絶景を方角つきで表示、ならびに列車の撮影ポイントも掲載。また、地形の様子がわかるよう、標高別に色分け表示しています。

POINT ❹

廃線と鉄道遺産

廃止になった路線※を地図上に再現するとともに、日本の近代化に寄与した数多くの遺構を掲載しています。
※対象となる路線は次のページに掲載

POINT ❺

その他の交通情報

バスや航路などの交通情報も掲載。鉄道路線がない観光地などへのアクセスにご利用ください。

各路線・記号の解説は次のページ

地図記号一覧

鉄道情報を「路線」「施設」「付属情報」の3つに分類し、さらにそれぞれの項目を色や形で区別・記号化しています。項目のいくつかは、対象となる年月日や範囲を設けているものがありますのでご注意ください。

…地図記号に該当する施設などの特集記事が掲載されているページ

路線

記号	種別
高架・橋梁　駅　引込線　トンネル　地下　計画駅　計画線	**新幹線**
高架・橋梁　駅　単線　引込線　複線　トンネル　地下　計画駅　計画線	**JR在来線**
高架・橋梁　駅　単線　引込線　複線　トンネル　地下　計画駅　計画線	**民営鉄道線（普通鉄道）** ※以降の凡例ページでは「私鉄線」と表示
駅　地上(高架)　トンネル　計画駅　計画線	**新交通システム・モノレール**

	路面電車	
	ケーブルカー	
	ロープウェイ	
	カーフェリー	P09
	旅客船	P09
貨物駅	**貨物線**	鉄道路線のうち、旅客営業を行っていない貨物輸送専用路線。原則として工場への引込線など、鉄道事業会社以外の法人や個人所有の路線は非掲載
廃線駅	**廃線**	原則として、1984年4月1日以降に廃止された鉄道路線を掲載。工場への引込線など、鉄道事業会社以外の法人や個人所有の路線、ならびに現役路線の旧線や廃止駅は一部を除いて非掲載。路線名・駅名は廃止時点の名称。ただし、路線廃止に先行して廃止された駅のうち、1984年4月1日時点で営業中だった駅は、[○○] として掲載。 廃止駅に付いている略号は、(臨)=臨時駅 (貨)=貨物駅 (仮)=仮乗降場 (停)=停留場 P04 P05 P18 P19
	バス	原則として、鉄道駅やバスターミナルと観光地を結ぶ観光路線、廃線の代替バス路線のうち、「JR時刻表」に掲載されている一般路線バスを中心に掲載。市内・町内路線や都市間路線などの生活路線バスや、高速バスは非掲載。(広域図のみ掲載)

路線［地下鉄］

地下　地上	
	京都市営地下鉄烏丸線
	京都市営地下鉄東西線
	大阪市営地下鉄御堂筋線
	大阪市営地下鉄谷町線
	大阪市営地下鉄四つ橋線
	大阪市営地下鉄中央線
	大阪市営地下鉄千日前線
	大阪市営地下鉄堺筋線
	大阪市営地下鉄 長堀鶴見緑地線
	大阪市営地下鉄今里筋線
	神戸市営地下鉄 西神・山手線
	神戸市営地下鉄海岸線

地形表現

海岸や河川に沿って縫うように走り、標高差をループや曲線によって克服してきた日本の鉄道の路線。その起伏に富んだ地形を、標高別で色彩表現しています。また、日本全域をカバーする広域図と、平野部に密集する詳細図では、標高値による色彩の設定を変えています。

※一部の標高の高い地域の詳細図では、広域図の標高値を設定しています。

●広域図	0m	200m	400m	600m	1000m	1400m	2000m	2600m～
●詳細図	0m	10m	20m	40m	80m	160m	300m	600m	1000m	1600m～

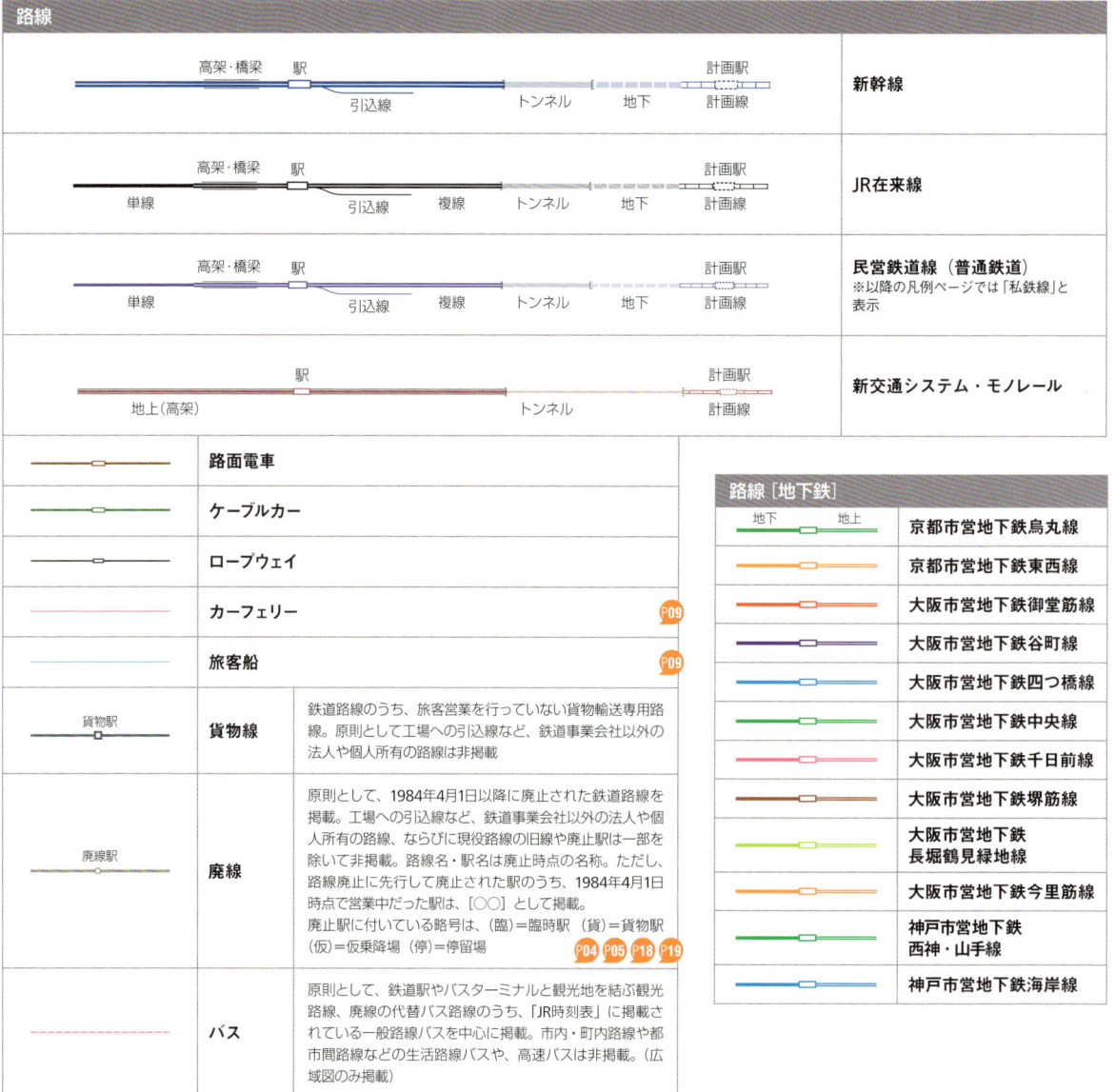

施設

	記号	項目	説明	参照
車両基地・車両工場ほか		車両基地	車両基地とは列車の車庫や整備場などの機能をもつ鉄道施設で、すべての現役車両はいずれかの車両基地に配置されている。機能や配置されている車種などによって、車両センター、車両所、車両工場、運転所など、さまざまな呼び名が使われている	P12 P13
		車両基地（全般検査可能）	鉄道車両は法に定められたサイクルで点検・整備が行われているが、もっとも大がかりな全般検査（オーバーホール）を行うことのできる車両基地	P12 P13
		車両製造工場	鉄道車両メーカーの製造工場	P12 P13
		信号場・信号所	単線区間での列車の入れ替えや待ち合わせ、路線の分岐点などに設けられた施設・設備。JRでは「信号場」、民鉄では「信号場」または「信号所」と呼ばれている	
路線情報		デッドセクション	電化区間のうち、直流と交流、直流同士・交流同士の異電圧など、異なる電気方式区間が接する境界に設けられた電気の流れていない区間	
		急勾配	原則として隣接する駅間で平均25‰（‰［パーミル］は勾配の単位で、1000m進んで上下する高低差を表す）以上、ワンポイントで33‰を超える勾配の区間を掲載	P16 P17
		スイッチバック	山や峠などの急勾配を緩和する工夫のひとつ。急斜面に線路をジグザグに敷設し、列車の進行方向を変えながら急斜面を上るためのもの。また、平地でも途中駅や信号場などで、列車の進行方向が変わる場合も含まれる	
		ループ線	180°以上のカーブを回りながら徐々に高度を上げて（あるいは下げて）、山や峠などの高低差を克服する工夫の一つ	
		大カーブ	谷あいなどに沿って大きくカーブを描きながら線路を敷設し、徐々に高度を上げて（あるいは下げて）、山や峠などの高低差を克服する工夫の一つ	P16 P17
		踏切	踏切のある地点（縮尺1:40,000以上の地図に掲載）	
公開施設・跡地ほか		鉄道博物館	鉄道をテーマにした博物館、および鉄道関連の展示コーナーを有する博物館	P06 P07
		鉄道記念館	特定の鉄道路線や駅など資料やゆかりの品々を保存・展示する施設。廃止駅の旧駅舎や駅跡に建設されたものが多い	P06 P07
		鉄道記念碑	鉄道関連の記念碑、顕彰碑	P06 P07
		車両展示	かつて全国の鉄道で活躍した車両を保存・展示している場所。保存車両のうち、現在も運転可能な車両は動態保存、それ以外を静態保存という。表記は現役時代の車両番号（例えばD51200なら、D51形蒸気機関車200号機のこと）、または車種	P06 P07
		廃線跡	廃線や廃止駅の遺構が顕著に残っている場所。旧駅舎や駅跡、橋梁跡、トンネル跡、線路跡など、文化財などの指定を受けている物件や見つけやすい物件を中心に掲載	P04 P05 P18 P19
		ロケ地	映画やTVドラマに登場した駅や鉄道施設、および撮影が行われたスポット。表記は作品名と簡単な説明	P18 P19
		その他鉄道施設	上記以外の特記すべき鉄道施設。現役の駅や車両基地内に残る旧鉄道施設なども含む	
景観・撮影		絶景ポイント［山岳・高原・平原ほか］	車窓から大自然の美しい風景を眺めることのできるポイント。扇形の開いている方向に、山や高原などの雄大な風景が広がる	
		絶景ポイント［海・河川・湖沼ほか］	車窓から海や川、湖などの眺めを楽しむことができるポイント。席の移動や指定席を選ぶ手助けに活用してほしい	
		絶景ポイント［都市・街並み・建造物ほか］	車窓から有名な建造物や街並みなどを見られるポイント。数秒で通り過ぎてしまう場合も多いので、一瞬のチャンスを逃すことがないように	
		撮影ポイント	プロ鉄道写真家の結解学氏が教えてくれた、絵になる鉄道写真が撮れる有名&穴場ポイント。ただし、車両のみの撮影好適地は含まず	

駅・施設の付属情報

	記号	項目	説明	参照
情報・施設関連		特急停車駅	通常運行の特急列車が停車する駅。特急料金を徴収しない私鉄特急の停車駅も含む	
		列車交換可能駅	単線区間の駅において列車の行き違いが可能な駅。2線以上の線路を有する駅	
		スイッチバック	構内にスイッチバック施設がある駅	
		ループ線	構内にループ線施設がある駅	
		頭端式ホーム	始発・終着駅のなかで、頭端（行き止まり）の車止めがあるホームを有する駅	P08
		転車台	構内に転車台がある駅や施設。転車台とは、蒸気機関車の方向を転換させるためのターンテーブルのこと	P13
		扇形車庫	構内に扇形車庫がある駅や施設。扇形車庫とは、転車台を要（かなめ）に扇形の形状をしている機関車の車庫で、扇形車庫、扇形機関庫、扇形庫とも呼ばれる	P13
		デッドセクション	構内にデッドセクションがある駅	
サービス関連		みどりの窓口	JRの指定券をはじめ、乗車券や特急券などを販売・発券する窓口。MARSシステムによりオンライン化されている。旅行代理店業務などを行う大規模なものもある	
		レンタカー	JRの駅レンタカーなど、構内にレンタカーのサービス窓口がある駅	
		駅弁	構内で駅弁業者が調整した「駅弁」を販売している駅。イベント時などに臨時販売される弁当は含まない	P11
		多目的トイレ	構内に多目的トイレを設置している駅	
		入浴施設・足湯	構内または駅の関連施設などに入浴施設、温泉施設、足湯などを設置している駅	P12
		立食そば	構内に立食いそばやうどん、きしめんなどの店舗・スタンドがある駅	
		駅スタンプ	来駅記念スタンプを設置している駅。駅スタンプは、発券窓口や改札口のそばに設置されている場合が多い	P10
		硬券入場券	硬券入場券を販売している駅	
		発車音楽	列車の発車を知らせる告知音として、著名曲をベースにしたオリジナルメロディを採用している駅。表記は発車メロディの原曲	
		駅ビル	構内に大型商業施設を有する駅、駅所有地内に駅舎に隣接して立つ商業ビル。注記はその名称	
選定関連		重要文化財	国の重要文化財に指定されている鉄道関連施設、旧鉄道施設の遺構、車両	P06 P07
		登録有形文化財	国の登録有形文化財として認定されている鉄道関連施設、旧鉄道施設の遺構	P04 P05 P14
		近代化産業遺産	経済産業省が制定した「近代化産業遺産群」に選定されている関連遺産のうち、鉄道関連の不動産および動産	
		鉄道記念物	日本の鉄道史上の重要な事物を保存・継承していくことを目的に、旧国鉄（国鉄の分割民営化後は、JR西日本が追加指定したことがある）が定めた制度。鉄道記念物と準鉄道記念物がある	P04 P05
		近畿の駅百選	国土交通省近畿運輸局管内の駅から、選考委員によって選ばれた近畿を代表する100駅	P04 P05

◆地図に掲載されている鉄道情報は、2009年8月～11月までに調査・取材をした内容をもとに編集、その他の地図情報については2010年1月までに収集した情報に基づいて編集しております。細心の注意を払って掲載しておりますが、膨大かつ変化が激しい情報のため、現在の現地情報と本書との相違につきましてはなにとぞご了承ください。また、本書利用により事故、損害、トラブル等が生じても当社では責任を負いかねますのでご容赦のほど重ねてお願いいたします。

鉄道遺産

我が国で2番目に古い鉄道が語る遺産の都

東京と京都の「両京」にまず鉄道を建設するという方針の下に2番目に鉄道が敷設された関西地方。商都として発達した都市も多かったため、私鉄の発達も早く、それを示すかのように官設鉄道以外でも歴史的遺産は多い。

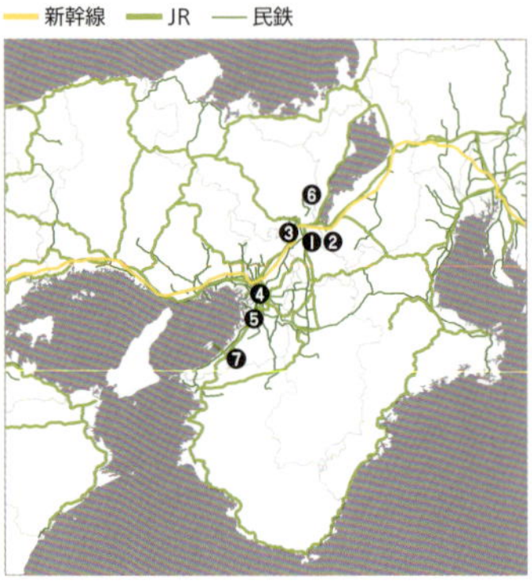

文化財的価値がある駅が点在

関西地方の鉄道は、明治政府が定めた東西の鉄道建設計画の一環として、1874（明治7）年5月11日に大阪～神戸間が開業。さらに1877（明治10）年2月5日には京都～大阪間が全通し、明治初期には京阪神間の基幹鉄道が完成している。それだけに、鉄道遺産という面では古いものが多く、稲荷駅のランプ小屋や旧逢坂山隧道のように「最古」の冠が付くスポットも見られる。

また、関西地方は京都や奈良をはじめ比較的戦災が少なかったこともあって、南海電気鉄道や水間鉄道、近畿日本鉄道、近江鉄道などの私鉄に明治・大正期の構造物が残されているケースが多く、国の登録有形文化財に認定されていものも少なくない。

1 稲荷駅ランプ小屋

［奈良線稲荷］
MAP 18 E-4

JR最古のレンガ造りランプ小屋

明治時代、列車の車内照明や信号機の照明などにはもっぱら灯油が使われていた。このため、全国の駅には危険物庫として、レンガや木でつくられたランプ室やランプ部屋、油庫といったものがあり、油を供給していた。明治中期から大正初期にかけて列車に電灯が普及すると、ランプ小屋は次第に姿を消すようになり、単なる物品庫として使用されるケースも多くなったという。奈良線稲荷駅に残るレンガ造りのランプ小屋は、1879（明治12）年8月18日に東西両京を結ぶ官設鉄道の一部として京都～大谷（現・廃止）間が開通してからまもなくに設けられたもので、その当時は木造だったが、後にレンガ造りに改築。1970（昭和45）年10月14日には国鉄最古のランプ小屋として準鉄道記念物に指定されており、内部の見学もできる（宇治駅で要予約）。ちなみに、稲荷駅は1921（大正10）年8月1日に東海道線京都～膳所間に新線が開通したため、奈良線の駅となっている。

2 旧逢坂山隧道

［滋賀県大津市］
MAP 18 H-3

初めて日本人だけで建設した鉄道トンネル

現在の東海道本線膳所～京都間は、新橋～横浜間、大阪～神戸間、京都～大阪間に続いて1880（明治13）年7月15日に開業しているが、この当時は、奈良線の稲荷を経由する現在線より大きく南側へ迂回するルートが採られていた。その最大の難所が、馬場（現・膳所）～大谷（現・廃止）間にあった逢坂山だった。この区間には官設鉄道としては初の本格的な山岳トンネルとなる全長664mの逢坂山トンネルが建設されたが、その掘削に際しては、いわゆる「手掘り」による工法が使われ、外国人技師を使わず、あえて日本人だけで掘削した点で、画期的な工事といわれている。しかし、この逢坂山を含むルートは25パーミルの急勾配が6割以上も占めていただけに、1921（大正10）年8月1日には最急勾配が10パーミルに緩和された現在のルートに切り換えられたが、旧線の逢坂山トンネル付近は、現在も東側の坑口が当時のまま残されており、鉄道記念物に指定されている。

3 旧二条駅舎

[梅小路蒸気機関車館]

MAP 18 G-6

梅小路の顔になった和風駅舎

1897（明治30）年2月15日に私鉄の京都鉄道二条～嵯峨間が開業した際に、本社を兼ねた和風の駅舎として建設された。1990（平成2）年10月、二条～花園間の高架化工事に伴い、この旧駅舎は曳屋により東側へ移築。さらに平成9（1997）年には梅小路蒸気機関車館に移築され、資料展示に使用されている。

4 諏訪ノ森駅舎

[南海電気鉄道南海本線諏訪ノ森]

MAP 25 D-2

上下線ごとに分かれたレトロ駅舎

1919（大正8）年に竣工したスレート葺きの木造平屋建て駅舎。上下線のホームが踏切を境に35mほど離れているのが大きな特徴で、駅舎も上下線別々に建てられている。上りホームがある西駅舎は、1998（平成11）年に国の登録有形文化財に認定されており、淡路島を描いたという入口のステンドグラスが印象的だ。

5 浜寺公園駅舎

[南海電気鉄道南海本線浜寺公園]

MAP 25 D-3

東京駅を手がけた辰野金吾による欧風駅舎

1907（明治40）年8月20日に浜寺駅から改称された際に改築された駅舎で、東京駅の設計で名高い辰野金吾が手がけたことから、ヨーロッパ様式が採り入れられている。かつて1等待合室だった駅舎の右手側は、現在はステーションギャラリーとなっている。1999（平成10）年に国の登録有形文化財に認定されている。

6 ケーブル坂本駅舎／ケーブル延暦寺駅舎

[比叡山鉄道比叡山坂本ケーブル]

MAP 18 G-1

大正ロマンあふれる昭和初期の洋風駅舎

比叡山登山の足として欠かせない全長2025mの比叡山坂本ケーブルは、1927（昭和2）年3月15日に開業した老舗の鋼索鉄道で、ケーブル坂本、ケーブル延暦寺両駅とも開業当初の洋風駅舎が残っており大正ロマンを漂わせている。ケーブル延暦寺駅の2階はかつての貴賓室で、海抜654mの展望台からは琵琶湖の眺望を楽しむことができる。両駅とも1997（平成9）年に国の登録有形文化財に認定されている。

ケーブル坂本駅舎

ケーブル延暦寺駅舎

7 水間観音駅舎

[水間鉄道水間観音]

MAP 28 G-1

三重塔をモチーフにした大正生まれの駅舎

水間観音駅は、1926（大正15）年1月30日に開業した水間鉄道の終着駅で、2009（平成21）年6月1日に水間から改称された。現在の駅は大正15年開駅時のもので、駅舎は付近の水間観音にある三重塔をモチーフにした鉄筋コンクリート造りとなっている。1999（平成10）年には国の登録有形文化財に指定。2000（平成12）年には「近畿の駅百選」にも選ばれている。

博物館・記念館

関西ならではの文化と伝統が博物館にも反映

関西にある鉄道博物館のうち双璧といえる存在が、大阪の交通科学博物館と、京都の梅小路蒸気機関車館だ。共に貴重な車両を数多く保存。動態保存やレストランとしての営業を行い、大きな存在感を発揮して来訪者に親しまれている。ほかにも、車両保存を積極的に行うなど個性を発揮する博物館は多い。

新幹線　JR　民鉄

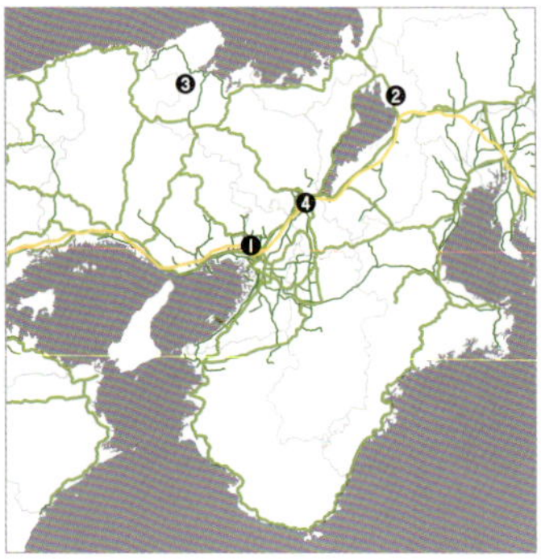

個性を発揮する関西の博物館

大阪、京都を中心にして、東京とは異なる文化の発達を遂げてきた関西圏。この地域には、個性の強い鉄道博物館が建っている。大阪の交通科学博物館は、埼玉県の鉄道博物館と姉妹関係にあり、関西では随一の規模を誇る。展示内容は鉄道だけに限らず、自動車や飛行機、船舶なども扱っているが、鉄道関連の展示が充実。屋外の展示場にはかつて国鉄で働いた名車の数々が静態保存されており、日本でここだけに残されている形式も少なくない。京都の梅小路蒸気機関車館も貴重な存在だ。かつて特急、急行の牽引に活躍した大型機関車も数多く残され、大正期以降に製作された国産の代表機を網羅。一部の機関車は今も線路の上を走行可能で、構内の短い区間ではあるが、その勇姿を眺め、汽笛や走行音を耳にすることができる。この地域に建つ多くの鉄道博物館が、独自の個性を積極的にアピールしているのも、関西圏ならではの成熟した文化が反映されたものといえそうだ。

（写真上左）鉄道100年記念事業の一環として開館した梅小路蒸気機関車館。国内で唯一の蒸気機関車専門博物館で、今も数両の機関車は、線路の上を実際に走ることができる。（写真上右）ディーゼル特急のパイオニア・キハ81形は交通科学博物館に保存されている。（写真下左）大阪環状線、地下鉄弁天町から至近の地にある交通科学博物館。貴重な車両は運転台をはじめ車内が見学できるものも多い。（写真下右）梅小路蒸気機関車館のC61 2。車籍もある動態保存機だ。

◆関西のおもな記念館・博物館

交通科学博物館	MAP⇒30 B-6	カワサキワールド	MAP⇒22 H-6	熊野市紀和鉱山資料館	MAP⇒17 F-1
梅小路蒸気機関車館	MAP⇒18 G-6	鍛冶屋線記念館	MAP⇒6 E-4	貨物鉄道博物館	MAP⇒8 D-3
長浜鉄道スクエア	MAP⇒4 B-5	近江鉄道ミュージアム	MAP⇒15 H-5	多賀ハイウェイパーク	MAP⇒8 B-2
加悦SL広場	MAP⇒2 F-4	セーフティしがらき	MAP⇒7 H-6	大津市立科学館	MAP⇒18 I-3
市電保存館	MAP⇒31 D-5	鍛冶屋線市原駅鉄道記念館	MAP⇒6 E-4	生野鉱物館	MAP⇒6 D-2
阪急西宮ギャラリー	――――	嵯峨野観光鉄道19世紀ホール	MAP⇒18 A-6	新幹線公園	MAP⇒20 G-6
福知山鉄道館ポッポランド	MAP⇒6 G-1	まいづる智恵蔵	MAP⇒3 A-4	播磨町郷土資料館	MAP⇒27 D-3

1 交通科学博物館

［大阪府大阪市］
MAP 30 B-6

☎06-6581-5771 営10:00～17:30（入館は～17:00）休月曜（祝日の場合は火曜休館。ただしその火曜が祝日の場合は開館）¥大人400円 所大阪府大阪市港区波除3-11-10 交JR大阪環状線または大阪市営地下鉄弁天町駅下車すぐ

C62形などが保存される関西を代表する鉄道博物館

大阪環状線弁天町駅から至近の地に建てられた鉄道博物館。1962（昭和37）年に大阪環状線の完成を記念して開館した。現在はJR西日本が運営している。空、海で活躍するものまで、あらゆる交通機関に関する展示を行っているが、鉄道関連のものも充実。特に館内で静態保存されている車両には特筆すべきものが多く、C62形蒸気機関車、キハ81形特急形気動車、クハ86形電車、ナシ20形食堂車など、国鉄の歴史に足跡を残したエポックメーカーたちが顔を揃えている。このうちナシ20形は土曜・休日にはレストランとして営業され、往年の食堂車のものを想わせるメニューが提供されている。そのほか、日本の鉄道の歩みや鉄道の仕組みを紹介する各種展示物、HOゲージの模型が走る大型レイアウト、図書館、ショップ、企画展示室などが設けられており、見所は多い。その人気は衰えることなく、今も関西を代表する鉄道博物館として親しまれ続けている。

交通科学博物館は大阪環状線の高架下に作られている。

2 長浜鉄道スクエア

［滋賀県長浜市］
MAP 4 B-5

最古の駅舎と歴史的展示物

現存する最古の駅舎である旧・長浜駅駅舎と、これに隣接して建つ長浜鉄道文化館、北陸線電化記念館を合わせた施設。鉄道史関連の展示物や、静態保存のD51形などが主役である。

☎0749-63-4091 営9:30～17:00（入館は～16:30）休年末年始のみ ¥大人300円 所滋賀県長浜市北船町1-41 交JR北陸本線長浜駅下車徒歩3分

3 加悦SL広場

［京都府与謝野町］
MAP 2 F-4

オールドタイマーが一同に集結

1985（昭和60）年に廃止となった加悦鉄道が、かつて使用した加悦駅舎を中心にした広場に27両の車両を静態保存する。蒸気機関車ばかりでなく、電車、気動車なども保存されている。

☎0772-42-3186 営10:00～17:00 休年中無休 ¥大人300円 所京都府与謝郡与謝野町字滝941-2 交北近畿タンゴ鉄道野田川駅から丹後海陸交通バス「与謝」か「共栄高校前」行きに乗車「鉱山口」下車 徒歩5分

4 梅小路蒸気機関車館

［京都府京都市］
MAP 18 G-6

かつて国鉄で活躍した18両のSLを保存する

国鉄の100周年記念事業の一環として、1972（昭和47）年に開館。かつての梅小路機関区の跡地を利用して建設され、ターンテーブルと扇形車庫を中心とした施設に18両の蒸気機関車と3両の客車が保存され、機関車の一部は構内の走行を行っている。国内で唯一の蒸気機関車専門の博物館として、館内でも様々な資料を展示している。

☎075-314-2996 営9:30～17:00（入館は～16:30）休月曜（春休み期間と夏休み期間は開館。祝日の場合は翌日休）¥大人400円 SLスチーム号乗車料金大人200円 所京都府京都市下京区観喜寺町 交JR京都駅から市営バス205系統金閣寺行で「梅小路公園前」下車 徒歩5分、JR山陰本線丹波口駅から徒歩15分

鉄道遺産
博物館・記念館
終着駅
鉄道連絡船
駅スタンプ
駅弁
車両基地・車両工場
橋梁
トンネル
峠と難所
廃線跡・未成線

終着駅

相互直通運転が増えたとはいえ“民鉄大国”関西には終着駅も多数

関西地区のJRは、東海道本線〜山陽本線を軸に山陰本線や紀勢本線をはじめ本線系統も枝分かれするため、その駅で線路が途切れている終着駅は少ない。一方、関西は古くから民鉄が発達し、国鉄〜 JRと対抗してきた。郊外の終点駅には地域の実情にあった個性的なスタイルの駅舎が建っている。

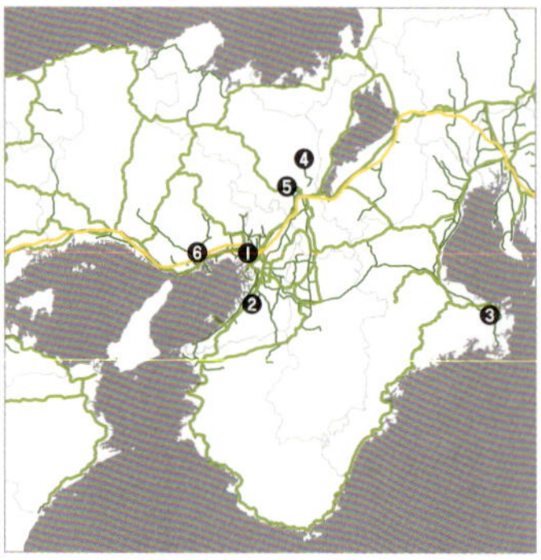

1 梅田

[阪急電鉄・阪神電気鉄道・大阪市交通局]

MAP 30 D-3

大阪を代表する大ターミナル

大阪の繁華街「キタ」に立地する駅で、JR大阪駅もそばにある。それぞれの駅を連絡する地下街が発達し、大ターミナルを形成している。地上の阪急駅は京都本線・神戸本線・宝塚本線が各3線ずつ持つ10面9線の頭端式ホームで、1フロアの駅としてはJR以外で最も大きい。梅田〜十三間の三複線の完成後に実施している優等列車の同時発車は阪急の名物となっている。阪神駅は逆に地下駅で、5面4線の頭端式ホームが阪神百貨店の直下に位置する。市営地下鉄駅は御堂筋線の島式ホームの1面2線で、大阪市営地下鉄で最も利用者が多い。

(写真左) 地下鉄御堂筋線ホーム天井の照明。(写真左) 10面9線の規模を誇る阪急電鉄の梅田駅。

2 浜寺駅前

[阪堺電気軌道]

MAP 25 D-3

緑豊かな公園の至近

府営浜寺公園と道路を挟んで位置し、ホームは線路の東側に離れて2面がある。奥のホームに電車が停車しているときに別の電車が入線した際は、手前のホームへ乗客を降ろす。駅名は南海電鉄浜寺公園駅にちなむ。

3 鳥羽

[参宮線]

MAP 12 G-5

海女と真珠のふるさと

1面3線の頭端式ホームを持ち、1面は切り欠きとなっている。駅舎は1階が駅業務に使われ、2階は名店街である。跨線橋で連絡している近鉄駅のあたりは、1911（明治44）年の国鉄駅開業当時は海岸であった。

4 鞍馬

[叡山電鉄]

MAP 7 E-3

巨大な天狗の面がお出迎え

牛若丸が修行した鞍馬寺の最寄り駅で、寺院風の駅舎を持つ。駅構内には長年叡山電鉄を走ってきた電車の運転台部分と車輪、駅舎には鞍馬寺をイメージさせる天狗の面のオブジェがある。スルッとKANSAIカードが使える最北の駅であり、多宝塔に向かうケーブルカーはすぐそば。

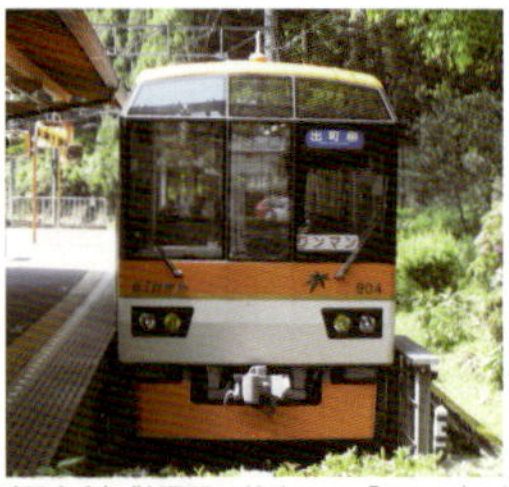

(写真左) 鞍馬駅に停車中の「きらら」。(写真右) 寺院風駅舎の内部。

5 嵐山

[阪急電鉄]

MAP 18 A-6

京都を代表する観光地の玄関駅

3面2線のホームを持つが、通常は真ん中の1面のみ使用し、両端の2面は臨時改札口へ通じる。梅田からの直通は臨時列車のみで、通常は土日も桂駅で乗り換える。ホーム上屋には特徴的な照明器具が取り付けられている。

6 有馬温泉

[神戸電鉄]

MAP 19 F-5

日本最古の温泉への下車駅

有馬温泉の玄関にあたる1面2線の駅。昭和の頃は開業当時の重厚な雰囲気を漂わせていた4階建ての駅舎だったが、1989（平成元）年に「有馬クリスタルビル」と名づけられた明るいビルに改築した。

鉄道連絡船

以前は数多くあった鉄道と連絡する重要な交通手段

**阪神地方は大阪湾をはさんで淡路島・四国と向かいあう。
湾岸の鉄道各線は至るところに港を設け、
対岸の町へ航路を延ばしてきた。
また琵琶湖と若狭湾の役割も大きかった。
険しい山々に鉄道が延びるまで、広い水面は天が与えた道に等しかった。**

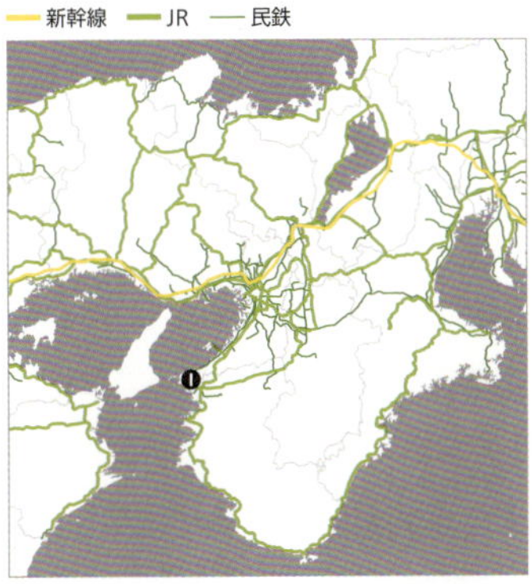

南海フェリー

[和歌山〜徳島]

MAP 28 B-6

長い伝統がある南海四国ライン

和歌山市と徳島市を結ぶ航路。就航中の船は2隻とも2500トンクラスのフェリーで、定員は450人、最大搭載車両台数は8トントラック換算で39台である。航行時間は約2時間。2010（平成22）年2月現在、24時間体制で1日8便を運航する。南海電鉄各駅と徳島港では、フェリーと列車の連絡切符を発売するほか、「南海四国ライン」の愛称を付けて特急「サザン」をはじめ和歌山港駅を発着する列車は船との連絡を考慮したダイヤを組んでいる。また、和歌山港駅には栈橋と結ぶ連絡通路が残っている。かつては徳島側で国鉄小松島線の小松島港駅と連絡し、完全な鉄道連絡船であった。フェリーを介した難波〜和歌山〜徳島のルートは大阪と徳島、および四国各都市との重要なルートだったのだ。しかし、1985（昭和60）年で小松島線が廃止になると鉄道連絡船としての役割が薄れた。また1998（平成10）年に明石海峡大橋が開通したことで乗用車は橋を経由するようになり、鉄道利用客は大阪〜徳島間の高速バスに移ってフェリーの利用客が大幅に減少した。対策として新造船を就航させたり、徳島側の港を小松島港から徳島港に変更するなどのてこ入れを行った。現在は明石海峡大橋経由では割高になるトラックや自動車、和歌山から比較的近い関西国際空港へ向かう利用者に向けて、フェリー利用をアピールしている。そのほか、各種割引切符や瀬戸内海で運航する他の船舶との連携を図っている。

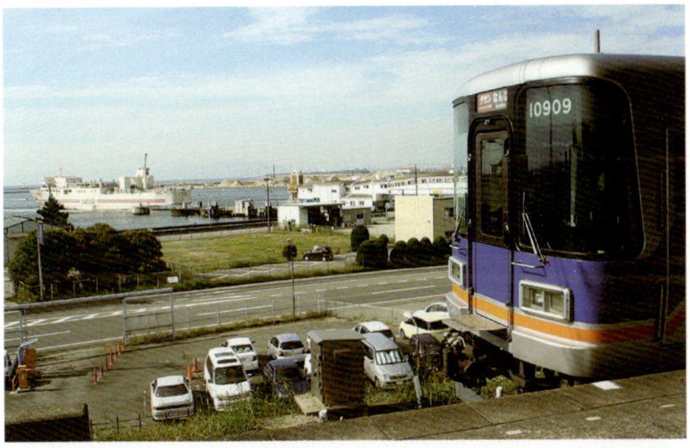

（写真上）和歌山港と南海電鉄和歌山港駅に停車中の特急「サザン」。（写真下）旅客定員450名のフェリー「かつらぎ」。

column

海上ばかりか琵琶湖にも航路。関西に多数あった鉄道連絡船

関西では1880（明治13）年に鉄道が神戸〜大津間で開業した。そのころ長浜〜敦賀間の建設工事が始まり、一部を残して2年後に開通した。そこで長浜〜大津間を太湖汽船会社の蒸気船で結ぶこととなった。これが鉄道連絡船の第一号の琵琶湖航路である。とはいえ貨車をそのまま載せる車両甲板はなく、長浜と大津で積み替えていた。この鉄道連絡船は1889（明治22）年に長浜〜大津間の鉄道が開通するとその使命を終えたが、この航路は長く北陸と関西を結ぶルートとして機能した。一方、1905（明治38）年には舞鶴と境港を結ぶ鉄道省の舞鶴境航路が運航を開始。当初は阪鶴鉄道が運営したが開業間もなく鉄道とともに国有化されたもので、大阪〜舞鶴〜境港〜米子間のルートを確立した。しかし、この航路は暫定的なもので、1912（明治45）年に余部橋梁の完成とともに京都〜出雲今市（現・出雲市）間が開通すると、舞鶴境航路は廃止となった。このときの船舶は青函航路などへ転属していった。また、南海多奈川線深日港駅すぐ北の深日港からは、かつて淡路島の洲本・津名（大阪湾フェリー・深日海運）、四国の徳島（徳島フェリー）を結ぶフェリーが発着していた。いずれも経営悪化により現在は運航していないが、南海電鉄は難波〜多奈川間に淡路連絡の急行「淡路」を運行した。

南海フェリー船内のゆったりとしした客室。

駅スタンプ

JR・私鉄が数多くのスタンプを設置。関西圏は駅スタンプ王国だ

JR西日本では直営駅、業務委託の全駅にスタンプを設置しており、約300駅もある。デザインは各駅考案によるもので、意外な穴場スポットが紹介されているかも?
一方、私鉄でも近鉄、京阪、北近畿タンゴ鉄道などのおもな駅、大阪市交通局、神戸市交通局の全駅にスタンプを設置している。

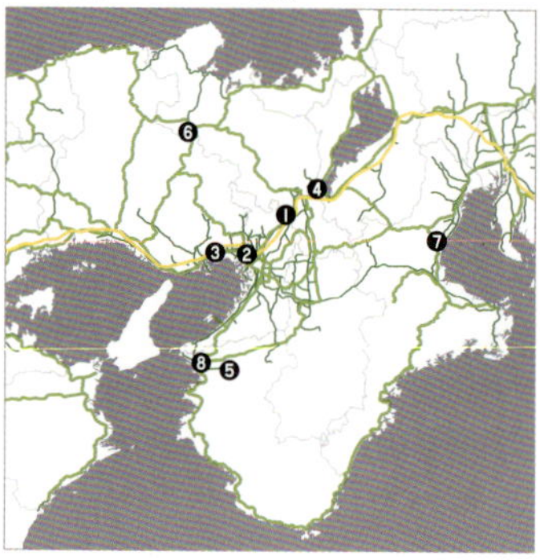

1 京都駅
［近鉄日本鉄道京都線］
MAP 18 H-6

舞妓さんと五山送り火
近鉄京都駅のスタンプは舞妓さんと五山送り火をデザイン。どちらも京都らしさを感じさせ、京都観光に欠かせない存在だ。

2 大阪駅
［東海道本線］
MAP 30 D-3

水の都といちょう
大阪駅のスタンプは御堂筋のいちょう並木と川に囲まれた水都をデザイン。都会の真ん中の自然は訪れる人々を癒し続けている。

3 神戸駅
［山陽本線］
MAP 22 G-6

港町神戸の人気スポット
JR神戸支社のスタンプは繊細な線画デザインが特徴。駅周辺のハーバーランドは、神戸でも人気の観光スポットとして賑う。

4 大津駅
［東海道本線］
MAP 18 H-3

琵琶湖への玄関駅
大津駅は日本で一番大きい湖、琵琶湖への玄関駅。湖を上空から見たデザインを採用しており、いかに大きいかが実感できる。

5 貴志駅
［和歌山電鐵貴志川線］
MAP 28 E-6

猫駅長で有名なローカル線
全国的に有名なネコのたま駅長を見ようとする乗客で賑わう。スタンプは乗って楽しい当路線名物のいちご電車をデザイン。

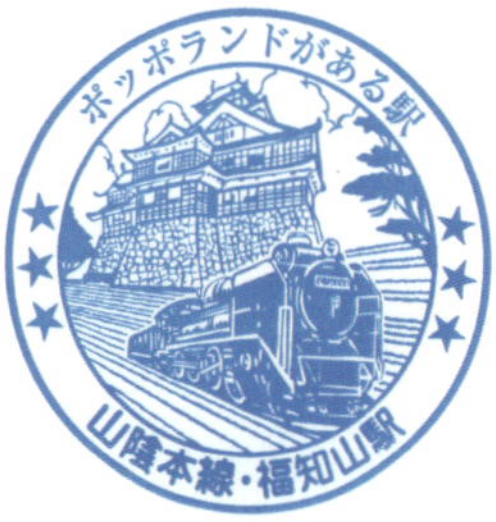

6 福知山駅
［山陰本線］
MAP 6 F-1

福知山城と懐かしいSL
ポッポランドとは駅付近にある鉄道展示施設。廃止になった北丹鉄道をはじめ、福知山ゆかりの鉄道に関する展示が数多くある。

7 津駅
［近畿日本鉄道名古屋線］
MAP 12 D-2

日本一短い名前の駅
津駅はJR、近鉄とも日本一短い駅名を題材に。同じ題材でもデザインが違っているので、両駅押してみて比較するのも楽しい。

8 和歌山駅
［紀勢本線］
MAP 28 C-5

徳川御三家の一つ
和歌山支社のスタンプは紫色で統一。日本百名城の一つでもあり、和歌山を代表的する観光スポット和歌山城をデザインしている。

◆関西のその他のおもな駅のスタンプ（左から駅名／ジャンル／地図ページ索引符号）

鳥羽	自然	MAP➡12 G-5	天橋立	行事	MAP➡2 G-3	篠山口	お祭り	MAP➡6 G-4	城崎温泉	温泉	MAP➡2 D-2
熊野市	自然	MAP➡17 H-1	茨木	レジャー	MAP➡20 G-4	有馬温泉	温泉	MAP➡19 F-5	浜坂	温泉	MAP➡1 H-2
彦根	歴史	MAP➡15 H-5	天王寺	建物	MAP➡31 E-2	神戸空港	乗り物	MAP➡22 E-5	奈良	歴史	MAP➡24 F-3
おごと温泉	温泉	MAP➡7 F-3	森ノ宮	建物	MAP➡30 G-5	明石	施設	MAP➡27 G-5	吉野	花	MAP➡29 H-2
信楽	特産物	MAP➡7 H-6	水間観音	建物	MAP➡28 G-1	北条町	建物	MAP➡6 D-5	新宮	自然	MAP➡17 G-3
園部	自然	MAP➡7 B-3	関西空港	建物	MAP➡28 D-1	姫路	建物	MAP➡27 C-5	白浜	温泉・動物	MAP➡17 A-4
宇治	歴史	MAP➡21 F-1	宝塚	レジャー	MAP➡20 A-4	播州赤穂	歴史	MAP➡9 H-2	高野山	建物	MAP➡29 C-6

駅弁

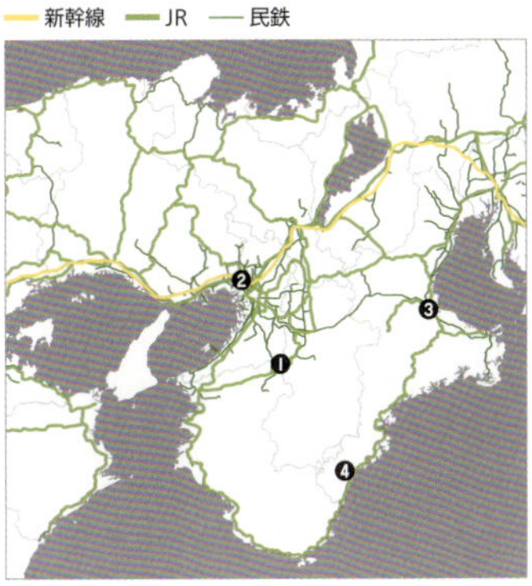

食の関西。押し寿司、ブランド牛、郷土食…。ビジネスマンも旅人も満足できる駅弁たち

「くいだおれの町」といわれる大阪を中心とした関西圏の駅弁は、主菜から付け合わせに至るまで神経の行き届いたものが多い。また、関西では寿司の主流となる押し寿司が、駅弁の分野でも幅をきかせている。ブランド牛のある地域では、牛肉素材の駅弁も見逃せない。

1 柿の葉寿し

[和歌山線吉野口]

MAP 29 F-1

奈良県大和地域の伝統的な郷土食

数社が駅弁として扱っており、JR駅、私鉄駅に頻繁に見られる柿の葉寿司。こちらは1911（明治44）年に吉野口駅で寿司、弁当の構内営業を始めた柳屋の製品。酢飯をしめサバで巻き、さらに柿の葉で包み、押し寿司にしたもの。容器は木製で、ぴったり重なるふたと太い輪ゴムでほどよく押された状態で販売され、ふたを開けると柿の葉の香りが漂う。甘酢がきいた味に食が進む。880円。サケとサバが半分ずつ入った「柿の葉寿しミックス」は1000円。

2 大阪焼売炒飯弁当

[東海道本線新大阪]

MAP 30 E-1

大きな焼売とチャーシューたっぷりの炒飯

多くのビジネスマンが利用する新大阪駅。駅弁は、ロングセラーから新商品まで充実の品揃えだ。ラインナップには適度に変化があって、訪れるたびに新しい駅弁にチャレンジできるだろう。こちらは、1888（明治21）年に創業した水了軒の、復刻版の弁当。大ぶりの焼売は、単品や副菜としてたびたび水了軒の駅弁に登場してきた。チャーシューがたっぷり入った炒飯は、ほどよいボリューム。上品な中華料理が旅にもビジネスにもうれしい。850円。

3 モー太郎弁当

[紀勢本線松阪]

MAP 12 D-4

見た目と味のインパクト最大級

1895（明治28）年創業のあら竹が2002（平成14）年に発売、2008（平成20）年にリニューアル。牛の顔型の容器を開けると、童謡「ふるさと」のメロディーが流れる。タレ味の黒毛和牛は冷めてもおいしい。1260円。

4 さんま鮨

[紀勢本線新宮]

MAP 17 G-3

あっさり味の紀州のサンマ

地域性豊かな駅弁を調製し、新宮、勝浦、熊野で販売する丸新の製品。紀州沖でのサンマの旬は冬。脂分が少ない紀州の味だ。お腹に余裕があれば、同じく紀州の味、めはり寿しとともに味わいたい。630円。

◆関西のおもな駅弁

姫路	鶏飯弁当一石二鳥	950円	MAP⇒27 C-5
姫路	旨い!たこめし	930円	MAP⇒27 C-5
新神戸	ひっぱりだこ飯	980円	MAP⇒22 H-4
新神戸	肉めし	1000円	MAP⇒22 H-4
新大阪	八角弁当	1100円	MAP⇒30 E-1
新大阪	赤飯弁当	1050円	MAP⇒30 E-1
新大阪	汽車弁当	980円	MAP⇒30 E-1
京都	竹籠弁当	1000円	MAP⇒18 H-6
京都	鯛めし	1000円	MAP⇒18 H-6
米原	湖北のおはなし	1100円	MAP⇒15 H-4
米原	ステーキ弁当	1300円	MAP⇒15 H-4
豊岡	かにずし	920円	MAP⇒2 D-3
草津	近江牛すき焼き弁当	1260円	MAP⇒7 G-4
新宮	南紀くじら弁当	1300円	MAP⇒17 G-3
新宮	めはり寿し	630円	MAP⇒17 G-3
御坊	子安いなり寿し	500円	MAP⇒16 H-5
和歌山	小鯛雀寿し	1050円	MAP⇒28 C-5
松阪	モー太郎寿司	900円	MAP⇒12 D-4
松阪	松阪牛物語	3150円	MAP⇒12 D-4
松阪	特撰牛肉弁当	1260円	MAP⇒12 D-4

車両基地・車両工場

京阪神の車両基地は西日本の重要拠点 ブルートレインも配置

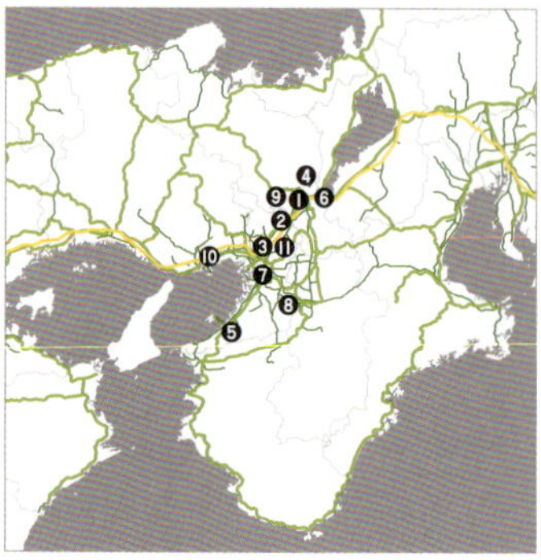

JR西日本の京阪神圏の路線はアーバンネットワークと呼ばれる。15分間隔で走る新快速をはじめ、列車が頻発し、車両数も多い。夜行列車の数は少なくなったが、日本海縦貫線を駆け抜ける「トワイライトエクスプレス」や「きたぐに」の車両は関西地区の基地内でも目立つ存在である。一方、民鉄の基地では個性豊かな特急電車が見られる。

1 JR西日本京都総合運転所

[京都府向日市]

MAP 18 C-5

あらゆる車種が配置された名門車両基地

開設以来40年以上の永きにわたり、京都・新大阪・大阪を発着する優等列車の基地として機能してきた。東海道本線向日町〜長岡京間にあり、現在も北陸特急の「雷鳥」用485系、急行「きたぐに」用583系、播但線のディーゼル特急「はまかぜ」用キハ181系などの特急車両のほか、JR西日本アーバンネットワークを走る普通列車・通勤型電車を配置している。このうち485系電車には前面展望が楽しめるパノラマグリーン車を連結した編成もある。また現在定期で運行している583系電車は、同所配置車のみとなっている。客車は琵琶湖沿いの北陸本線を走る「SL北びわこ号」用12系がある。構内に隣接してレール溶接工場があり、レール運搬用貨車も配置されている。1970（昭和45）年の日本万国博覧会（大阪万博）輸送とその後の輸送力増強を見越して、東海道本線篠原〜野洲間の野洲電車区を開設し、JR化後に組織変更により京都総合運転所に統合した。野洲電車区は同所野洲派出所となり、東海道・山陽本線普通列車用の電車を留置している。また、米原駅に隣接する電留線が京都総合車両所米原派出所となっている。

（写真上）京都総合運転所は東海道本線向日町〜長岡京間に広がっている。（写真下）入換えにはディーゼル機関車も使用される。

2 JR東海鳥飼車両基地

[大阪府摂津市]

MAP 20 G-5

シャトルバスが巡回する大規模基地

東海道新幹線の京都〜新大阪間にある車両基地である。東京寄りの大井車両基地と同様、検査担当と修繕担当の部署を総称して「鳥飼車両基地」と呼ばれている。線路配置上、新大阪寄りからのみ出入可能。JR東海の新幹線車両だけでなく、JR西日本の700系「ひかりレールスター」用車両や「こだま」用100系電車も回送で入線する。車両基地の西南端は大阪モノレールが伸びており、摂津〜南摂津間の車内から基地に滞在する新幹線車両がよく見える。

3 JR西日本宮原総合運転所

[大阪府大阪市]

MAP 30 D-2

北方貨物線上の旅客車両基地

東海道本線新大阪駅の西方にあり、かつて機関区・客車区・電車区・操車場の4部署が同じ敷地内にあったが、JR化後に統廃合された。配置車両はアーバンネットワークで用いられる電車のほか、「トワイライトエクスプレス」用の24系寝台客車、団体用「サロンカーなにわ」「あすか」、展望客車マイテ49形がある。同区は大阪駅を経由せず東海道本線に直通できる北方貨物線上にある。配置車両だけでなく、JR西日本の車両が貨物線を利用して編成ごと方向転換を図ることもある。

4 京福電気鉄道西院車庫

[京都府京都市]

MAP 18 D-3

京都に残る路面電車を整備

京都市西郊の観光地である太秦（うずまさ）や嵐山に路線を延ばす京福電鉄の車両基地である。全車両が嵐山本線西院駅そばにある西院車庫の配置である。

5 JR西日本日根野電車区

[大阪府泉佐野市]

MAP 28 F-2

紀勢本線の電車を配置

阪和線日根野～長滝間にあり、1978（昭和53）年に設置された。通勤形電車のほか、「はるか」「くろしお」用の特急形電車も配置されている。

6 京阪電気鉄道四宮車庫

[京都府京都市]

MAP 18 G-3

京津線沿線唯一の車庫

1912（大正元）年に京津線の前身である京津電気軌道の開業とともに出来た車庫で、四宮駅に隣接しており間近に留置してある車両を眺められる。

7 阪堺電気軌道我孫子道車庫

[大阪府大阪市]

MAP 31 D-6

阪堺唯一の車庫

阪堺線我孫子道駅南側にあり、阪堺電気軌道の全車両の検査・修繕を行っている。隣接する本社ではストラップをはじめとした電車グッズを販売している。

8 近畿日本鉄道五位堂検修車庫

[奈良県香芝市]

MAP 26 C-3

大阪近郊の近鉄電車はおまかせ

大阪線五位堂～近鉄下田間にあり、特急全車両と大阪近郊の通勤電車の全般・重要部検査を実施している。狭軌の南大阪線車両は橿原神宮前駅構内で標準軌の台車に履き替え、第三軌条のけいはんな線車両は集電装置を取り外し、電動貨車に牽引されて入庫する。

9 阪急電鉄正雀工場

[大阪府摂津市]

MAP 20 F-5

阪急の歴史的な車両を保存する

昭和40年代に「東洋一」といわれた車両工場で正雀車庫も併設する。京都線正雀駅そばにあり、阪急・能勢電鉄の全車両の検査・修繕を行っている。1形・10形など阪急の歴史的な車両を保存し、工場の一般開放日には公開している。

10 阪神電気鉄道石屋川車庫

[兵庫県神戸市]

MAP 22 F-2

日本初の高架式車両基地

阪神電鉄の車両と直通特急に充当した山陽電鉄車が入庫する。阪神本線石屋川～新在家間にあり、1995（平成7）年の阪神・淡路大震災で高架橋の柱が折れて橋桁が地上に落下し、滞留していた58両が被災した。再建後、収容両数を増強している。

11 京阪電気鉄道寝屋川車両工場・車庫

[大阪府寝屋川市]

MAP 23 H-1

約700アールの敷地面積を持つ

京阪電鉄の重要拠点の一つで、京阪本線を走る車両の点検・修繕・改造を実施している。京阪本線萱島～寝屋川市間にあり、入出庫線は大阪側・京都側の両方にある。並行する本線は高架だが、工場・車庫は地平に設けられている。

橋梁

古くから鉄道が通じていた関西 橋梁にも長い歴史がある

**淀川・紀ノ川は水量が多く、下流は船の行き来に適していた。
そのため橋は、航行を妨げないよう、しばしばスパンを長くとって設計されている。
水運の時代はとっくに去ってしまったが…。
もう一つの関西の特色は、私鉄に魅力的な橋が多いこと。さすがは私鉄王国である。**

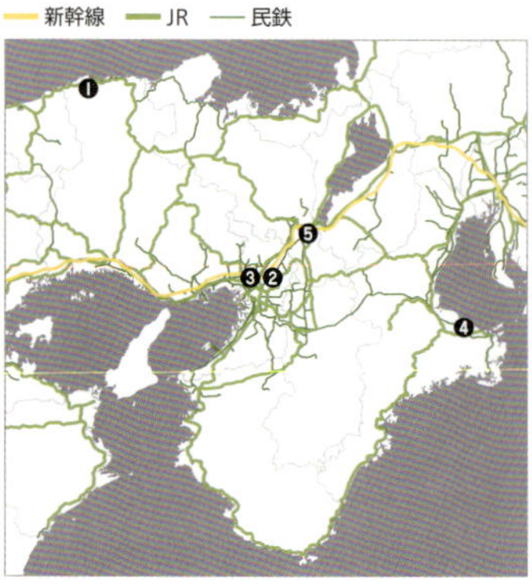

1 余部橋梁

[山陰本線鎧～餘部]

MAP 2 A-2

“高い鉄橋”の代表格

長さ311mの鋼橋。23連のガーダーを11基のトレッスル（とびばこ形に組んだやぐら）で支えるトレッスル橋。高さ41mの堂々とした姿がよく知られている。すぐ南に新橋梁を建設中。

2 城東貨物線淀川鉄橋

[片町線鴫野～吹田]

MAP 30 F-1

人と鉄道が同じ橋を通る

もともと複線分のスペースを持つ1929（昭和4）年に開通したワーレントラス形式の鉄橋であるが、単線敷設で上流側の片側は人道橋として機能。通称「城東貨物線」と呼ばれ旅客列車は通らず、貨物列車や単行の機関車が通る脇を歩行者や自転車が通るという独特な風景が展開している。ただし、2018（平成30）年には複線電化で旅客化される予定なので、この風景もなくなる予定である。

3 下淀川橋梁

[東海道本線大阪～塚本]

MAP 30 C-3

淀川をひとまたぎ

長さ790mのワーレントランス橋で大阪～塚本間にあり、列車の行き来の多い阪神間を結ぶ橋である。この橋を渡るディーゼル特急「はまかぜ」は騒音のため通過の時にはアナウンスを一旦休止する。この川の上流には阪急電鉄の新淀川鉄橋が、下流には阪神電気鉄道の淀川鉄橋が架かっている。

4 宮川橋梁

[参宮線宮川～山田上口]

MAP 12 F-3

ウエハースのように ほっそりしたトラス

長さ458mの鋼橋。丈の低いプラットトラスが連続し、ガーダー橋のような輪郭を持つ。また、プラットの斜材と逆方向に補強材が入り、側面には×印がずらりと並ぶ。

5 澱川橋梁

[近畿日本鉄道京都線桃山御陵前～向島]

MAP 18 E-6

日本一スパンの長いトラス橋

1928（昭和3）年11月に竣工した長さ165mの鋼橋。曲弦プラットトラス1連で宇治川を渡る。単式トラス橋としては日本一スパンが長く、ペンシルバニアトラスという特殊な構造で強度を確保している。

トンネル

震源地に近い新幹線トンネルはいち早く復旧
被災を乗り越えて安全運行

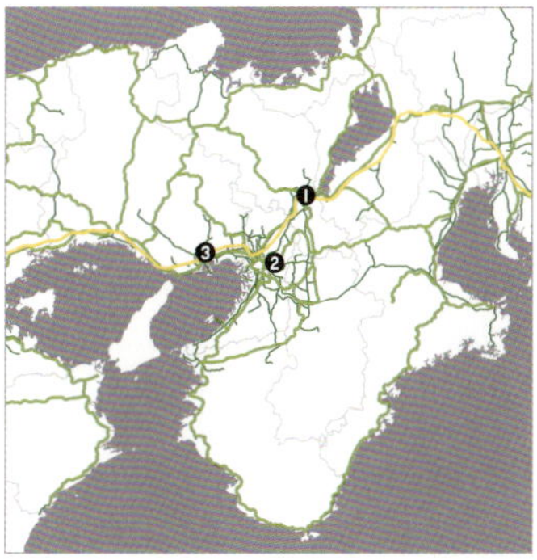

歴史の長い鉄道が多い関西地区は構造物も古いものが多く、輸送力増強に伴い複線化、あるいはルート変更を行う際に新しくトンネルを建設しなおす場合も散見される。一方、複線電化をしていない郊外の閑散路線には昔の姿を今に伝える建造物も多く、トンネルもその一つ。SLが活躍していたころと変わらない光景がまぶたに浮かぶようだ。

1 新逢坂山トンネル

[東海道本線大津～山科]

MAP 18 G-3

古代から和歌に詠まれた山を克服

大津～京都間に横たわる逢坂山を貫くトンネルで、現在のものは明治期に完成した旧線を1921（大正10）年に切り替えた。全長は2325m。旧線は京都～稲荷間の上り線がJR奈良線に転用されている。

2 新生駒トンネル

[近畿日本鉄道奈良線石切～生駒]

MAP 24 B-3

生駒山を貫き奈良を大阪の通勤圏に

近鉄奈良線の前身、大阪電気軌道が開通した生駒トンネルを切り換えた。全長は3494m。生駒トンネルは一度廃線となったが、現在は一部がけいはんな線の生駒トンネルに再利用されている。

3 六甲トンネル

[山陽新幹線新大阪～新神戸]

MAP 22 E-1

複雑な断層帯を難工事の末に貫通

新大阪を西に向けて発車した列車が最初にくぐるトンネルが六甲トンネルである。全長は1万6250m。1970（昭和45）年に貫通し、山陽新幹線新大阪～岡山間が開業した1972（昭和47）年3月15日に供用を開始。当時は日本一長いトンネルであった。トンネルの西側に新神戸駅が設けられ、またすぐ神戸トンネルとなる。新神戸駅は2つのトンネルに挟まれた形で、神戸市街からは離れている。六甲山系は大量出水事故の原因となる大小さまざまな断層破砕帯が縦横に走っている。このため多くの先進導坑を掘って調査を進めた。それでも出水事故は避けられず、トンネル崩落もあり工事は困難を極め、多くの犠牲者を出した。国鉄がこのような場所をトンネルで貫くことを選んだのは、大阪湾沿いの神戸市街は古くから住宅が密集しているため、用地買収や当時から問題になっていた騒音公害を避けたのだ。トンネルの新大阪側入口直上には、トンネル開通と新幹線開業を記念して「山陽新幹線記念公園」を設けている。ここから西宮市を含む大阪平野が一望でき、トンネルを通過する新幹線電車も間近で見られる。また、園内には工事の犠牲者を祀る慰霊碑が建てられている。新神戸駅は他のJR線と連絡しておらず、神戸市街へは神戸市営地下鉄かバスを利用。

（写真上）新神戸駅に進入するN700系。（写真下左・右）新神戸駅ホーム東寄りから銘板を間近に見ることができる。

峠と難所

いにしえからの難所に挑む最新鋭の車両

日本アルプスなどの山岳地帯を擁する中部地帯に比べれば、その地形は平坦な関西地方だが、それでも随所に鉄道の難所が残る。いにしえの人があえぎながらたどったであろう同じ道を、今は最新鋭の車両が駆け上る。その姿にも確かな時代の息吹がある。

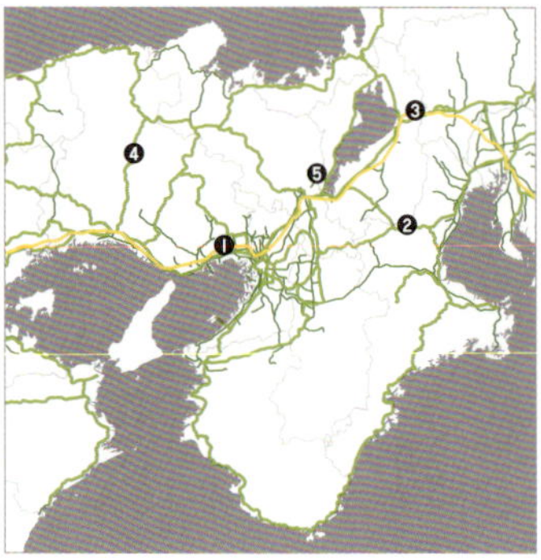

畿内地方の歴史を彩る険路

日本の政治、文化の発信地として、長い歴史を誇る関西地方。多くの古道が縦横に駆け巡った地域に、今は新鋭車両が走り抜ける鉄路が築かれている。

比叡山への道は、静かな山間を、今はノーブルな姿の電車がたどる。そのスタイルはヨーロッパのトラムを思わせるモダンなものだが、それでいて昔ながらの品格が失われていないのは、この地方が宿す伝統のなすわざなのだろうか。

六甲地方への主要アクセスルートとなっている神戸電鉄は、始発駅湊川から鈴蘭台まで、ひたすらに急な坂道が続く。しかしここを走る電車の足取りも、沿線に広がる町並みにも似て、颯爽としている。

加太越えは蒸気機関車時代の難所。この地を走る機関車の勇壮な姿が、人々を魅了した。都市に近い地域でありながら、自然に恵まれた、心を休める風景が広がっていることも、この地域の大きな魅力である。

そして関ヶ原。新しい時代の鉄道の象徴ともいえる新幹線も、ここを走ることを選んだ。冬の関ヶ原の気候は昔と変わることなく厳しい。それでも最新の設備を備えた新幹線電車と線路は、他の季節と変わらない高速運転を可能にしている。

1 神戸六甲

[神戸電鉄有馬線]

MAP 22 C-3

六甲山麓の坂道を走る特別仕様の電車

神戸電鉄は、途中鈴蘭台まで、急な坂道が続く。車両はすべて急勾配に対応した設計。ブレーキシューも旧来の鋳鉄製を使用している。近年主流のレジンシューは車輪の踏面を滑らかにし過ぎてしまうためだ。そんな坂道のスペシャリストたちも、サミットを越えれば、足取りは見違えるほど軽やかになる。

2 加太越え

[関西本線柘植～加太]

MAP 12 B-1

後押し用の機関車も用意された難所

関西本線柘植～加太間は、この路線中最大の難所で、蒸気機関車が主力の時代には、編成の最後尾に列車の後押しをする後補機も連結された。その姿は勇壮であったが、しかし、列車の速度は極めて遅かった。蒸気機関車が消え、軽快なデザインの車両が活躍する今日も、加太越えの名は残り、往時を偲ばせている。

3 関が原越え

[東海道新幹線・東海道本線など]

MAP 4 C-6

深い雪に閉ざされる季節風の回廊

東海道本線と、東海道新幹線は、岐阜から西への道を、旧・中山道沿いに選んだ。しかし、この地の冬は厳しく、今も鉄道車両を悩ませる。定時運行確保のために様々な施設が開発され、現代に引き継がれている。この地で培われ、のちの東北・上越新幹線などにフィードバックされた技術も少なくない。

4 生野峠

[播但線生野～新井]

MAP 6 C-3

蒸機の機関士を窒息させた魔のトンネル

播磨地方と但馬地方を結ぶ播但線。陰陽連絡線の一つであるこの路線の最難所は、生野～新井間の「生野越え」だった。この区間にある生野トンネルは機関士が窒息死したこともあり「魔のトンネル」と呼ばれた。美しい里山の風景が展開する播但線にも、乗務員を苦しめる大きな難所が存在したのだった。

5 比叡山への鉄道

[叡山電鉄・比叡山坂本ケーブルなど]

MAP 18 G-1

遠い昔には修験僧が通ったであろう道を今は美しいトラムカーが走る

標高848mの比叡山に建つ延暦寺は天台宗の総本山で、多くの参拝客が訪れている。この名刹へのアクセスルートの一つとして親しまれ続けているのが、叡山電鉄だ。出町柳と八瀬（現・八瀬比叡山口）が開業したのは1925（大正14）年9月。同年12月には叡山鋼索線が、1928（昭和3）年には比叡山空中ケーブルが開業し、電車、ケーブルカー、ロープウェイと乗り継いで、京都の町から延暦寺まで行けるルートが完成した。開業時にこの鉄道を経営していたのは、京都市に本社を持つ電力会社の京都電燈で、鉄道の創成期においては、豊富な電力の供給力を備えた電力会社が電鉄経営に乗り出す事例は少なくなかった。出町柳から八瀬比叡山口までを走る叡山電鉄叡山本線は、同社鞍馬線との分岐駅宝ヶ池を過ぎたあたりから、急勾配が連続する山道をたどることになる。蒸気機関車では運転が大変な連続勾配も、電車であれば比較的容易にこれを克服することができ、比叡山へのアクセスルートに、いち早く電気鉄道が建設されたことは先見の明があった。そして、これに続くケーブルカー、ロープウェイは、山中を巡るにはうってつけの交通機関であり、これらの施設が連続して設けられていることにも、比叡山の山深さが表わされているように見受けられる。また、鉄道を利用した延暦寺へのアクセスルートには、この他に京阪電鉄石山坂本線坂本駅から、比叡山鉄道比叡山坂本ケーブルを利用するものもある。他に宝ヶ池から分岐して、鞍馬までを走る叡山電鉄鞍馬線も、山深い道を走る魅力ある路線として知られている。

比叡山鉄道（通称・比叡山坂本ケーブル）のヨーロッパテイストの車両が山頂の延暦寺へ向かって登る。ケーブルカーでは珍しく途中駅を2つ持つ。

京福電気鉄道鋼索線（通称・叡山ケーブル）は叡山電鉄八瀬比叡山口と 叡山ロープウェイを繋ぐ。

廃線跡・未成線

かつての日本の中心を彩る廃線の歴史

かつて日本の首都が置かれていた関西地方では、鉄道の建設が関東に次いで早かっただけでなく、特異な逸話を持つ歴史の長い路線が多数存在する。それは廃線や未成線においても例外ではなく、とくに「後日談」において特色のある路線が多い。

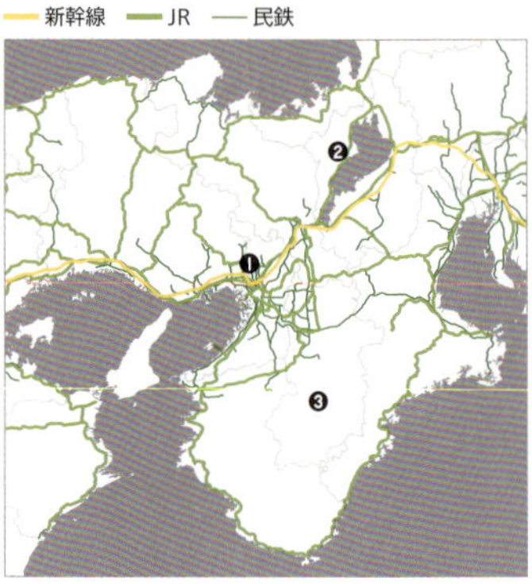

特異な「後日談」を持つ廃線

関西地方初の鉄道は1874（明治7）年に開業した大阪〜神戸間の国鉄線で、その後はこの路線を拡張する形で現在の東海道本線や山陽本線などが整備された。また、大阪都心部と周辺の衛星都市を結ぶ私鉄も多数建設されて激しい競争が繰り広げられ、ときにはライバル社の勢力範囲を浸食する路線の計画をわざと立ち上げ、それが結果的に未成線となった事例も存在する。

戦後はほかの地域と同様、郊外ローカル線の赤字や都心部の再開発に伴うルート変更を理由にした廃止が見られるが、一部では廃線敷を使って別の鉄道を敷き直したり、路盤をそのまま別の用途に転用したりするなど、廃止後も特異な歴史をたどった路線が比較的多いといえる。

（写真上左）国鉄線との連絡を図るため建設された南海電気鉄道天王寺支線は、関西本線との連絡駅となる新今宮駅の開業で利用者が激減して廃止に追い込まれた。錆びたレールと架線柱が廃線の無情を今に伝えている。（写真上右）鉄道としては未成に終わったが、バス専用道に生まれ変わった五新線のアーチ橋。そこを走る小型バスは、まるでローカル線を走るレールバスのようだ。（写真下左）京福電気鉄道の嵐山駅から愛宕山鉄道平坦線の分岐部を望む。平坦線は写真左側に見える白い建物の方向にカーブし、奥に見える高架道路に合流するルートで愛宕山を目指した。（写真下右）路盤の多くが湖西線の敷地に生まれ変わった江若鉄道だが、起点の浜大津駅付近は遊歩道「大津絵の道」に転用。今では地元住民や観光客の憩いの場となっている。

◆関西のおもな廃線

江若鉄道（浜大津〜近江今津）	MAP➡18 H-3	鍛冶屋線（野村〜鍛冶屋）	MAP➡6 E-4
東海道本線（旧線）（膳所〜京都）	MAP➡18 H-3	篠山線（篠山口〜福住）	MAP➡6 G-4
愛宕山鉄道平坦線（嵐山〜清滝）	MAP➡18 B-2	別府鉄道（野口・土山〜別府港）	MAP➡27 C-3
愛宕山鉄道鋼索線（清滝川〜愛宕山）	MAP➡18 A-1	姫路市営モノレール（姫路〜手柄山）	MAP➡27 C-5
北丹鉄道（福知山〜河守）	MAP➡6 F-1	北沢産業網干鉄道（網干〜浜田港）	MAP➡27 A-5
加悦鉄道（丹後山田〜加悦）	MAP➡2 F-4	淡路交通鉄道線（洲本〜福良）	MAP➡13 D-2
箕面鋼索鉄道線路（山下〜山上）	MAP➡20 D-3	近畿日本鉄道法隆寺線（近畿日本法隆寺〜平端）	MAP➡24 D-6
南海電気鉄道天王寺支線（天王寺〜天下茶屋）	MAP➡31 E-5	野上電気鉄道（日方〜登山口）	MAP➡13 H-4
福知山線（旧線）（生瀬〜道場）	MAP➡19 H-3	有田鉄道（藤並〜金屋口）	MAP➡13 H-5
有馬線（三田〜有馬）	MAP➡19 E-2	和歌山観光（丹鶴〜二の丸）	――

福知山線

[生瀬～道場]

MAP 19 H-3

ハイキングコースに生まれ変わった旧線

大阪圏と山陰方面を結ぶバイパス線を形成するJR線。1893（明治26）年に尼崎と伊丹を結んでいた川辺馬車鉄道を改築、拡張する形で摂津鉄道の尼崎～池田間が開業し、1897（明治30）年に阪鶴鉄道と合併。1903（明治36）年までに現在の尼崎～福知山間がほぼ完成し、1907（明治40）年に国有化された。武庫川渓谷沿いに敷設された生瀬～武田尾～道場間は、1986（昭和61）年の複線化に伴いトンネル主体の新線に切り替えられたが、このうち生瀬～武田尾間の旧線跡は景色が美しいことから事実上のハイキングコースとなり、JR西日本がそれを追認する格好で遊歩道化された。レールは撤去されたが枕木や砂利、橋梁は現役時代のまま残されている。

非電化単線時代の面影を今に残す福知山線生瀬～道場間の旧線跡。複線電化トンネル主体の新線に切り替えられ自然に回帰していくはずだった峡谷の旧線は、意外な経緯をたどって遊歩道としてよみがえった。

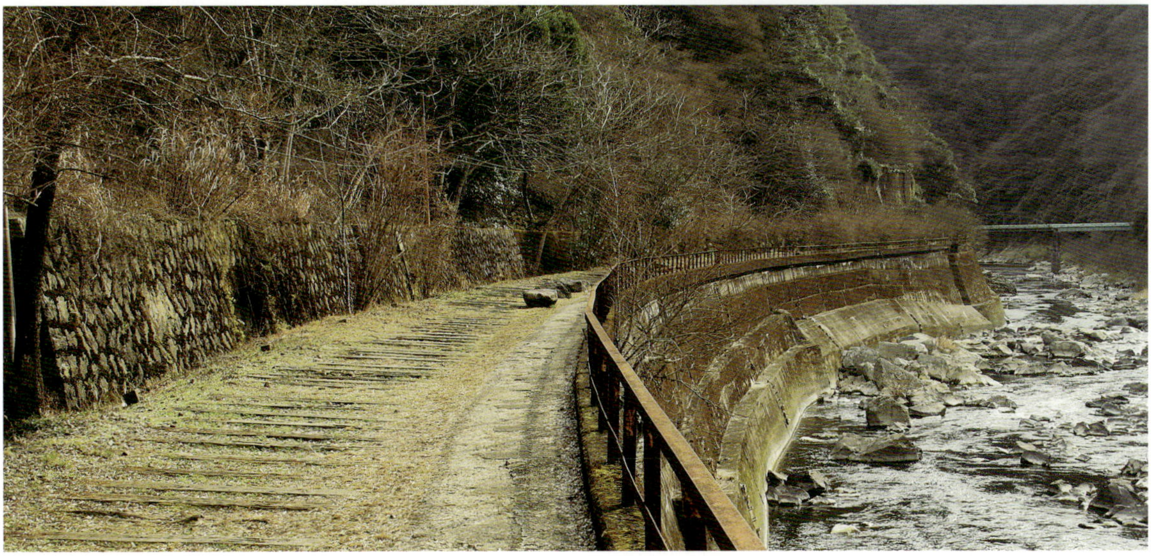

2 江若鉄道

[浜大津～近江今津]

MAP 18 H-3

バイパス線に転身した私鉄の線路敷

滋賀県大津市から琵琶湖の西岸に沿って今津町（現・高島市）を結んでいた私鉄線。1931（昭和6）年までに全通したが、国鉄バイパス線として計画された湖西線と競合することから1969（昭和44）年に廃止された。湖西線の建設では江若鉄道の線路敷を一部転用したため、湖西線の路盤と江若鉄道の廃線跡がつかず離れずを繰り返しながら並行し、現役路線＝廃線跡という奇妙な姿になっている。

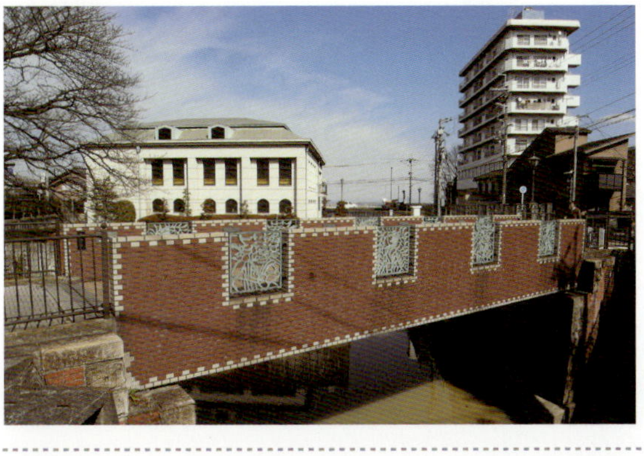

3 五新線

[五条～新宮]

MAP 29 E-3

映画の舞台にもなったバス専用道

奈良県五條市から紀伊山地を縦断して和歌山県新宮市を結ぶ予定だった国鉄未成線。五条～城戸～阪本間の路盤がほぼ完成した1979（昭和54）年に工事が凍結されたが、五条～城戸間の路盤は1965（昭和40）年にバス専用道として暫定開業している。工事の凍結を題材にした映画『萌の朱雀』が1997（平成9）年に制作され、バス停になった駅の予定地や放置されたトンネルが撮影に使われている。

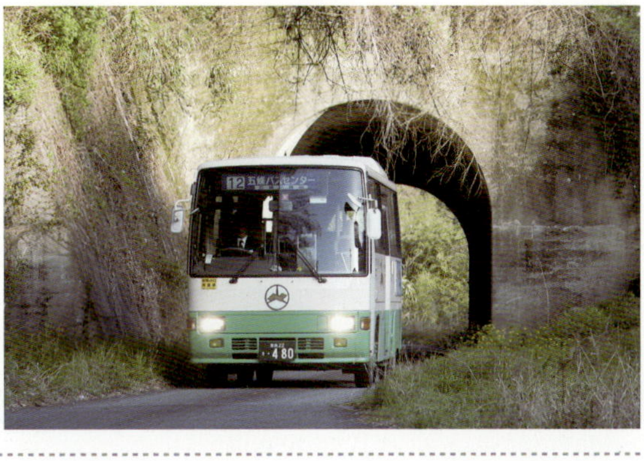

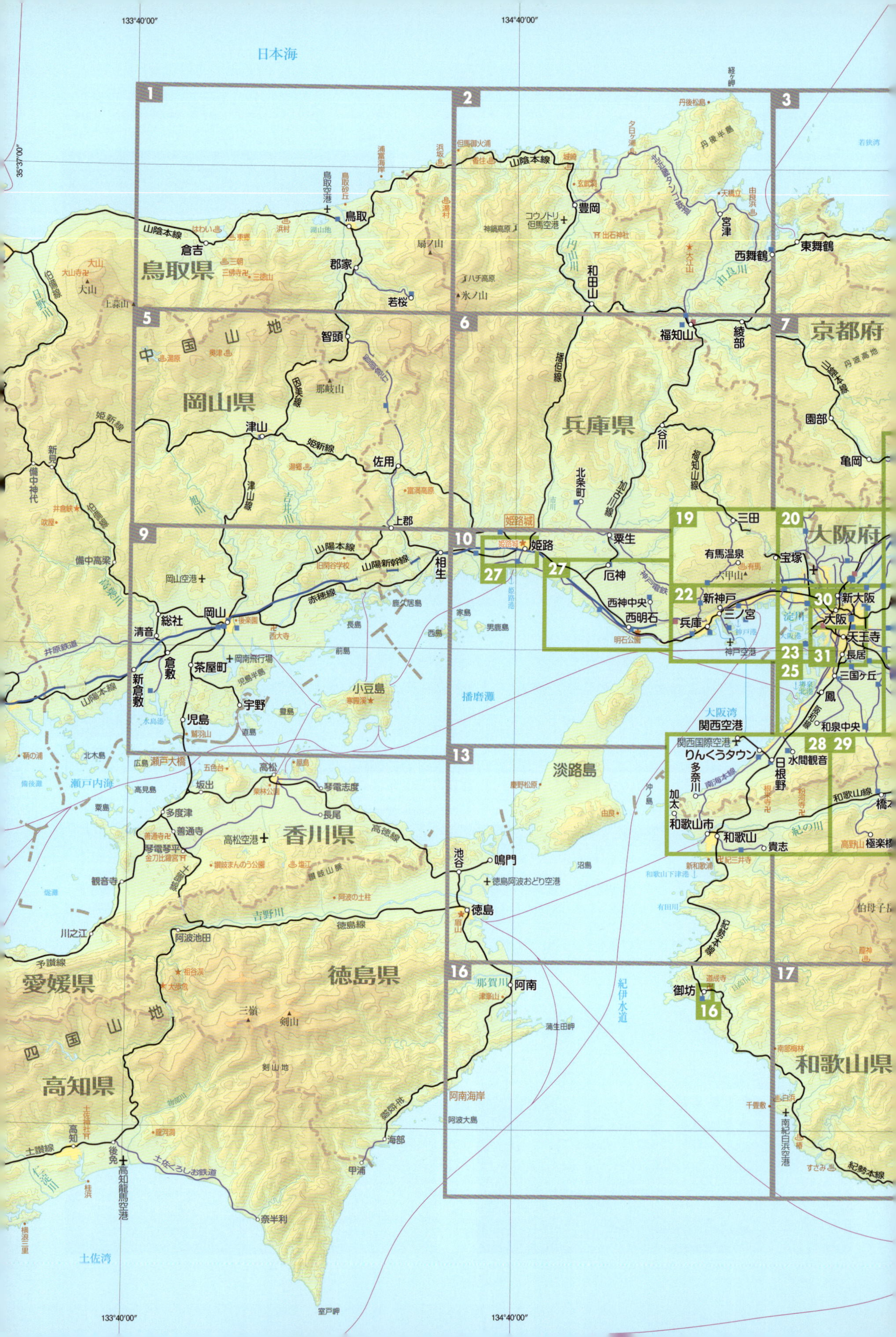

133°40′00″
134°40′00″
35°37′00″
日本海
1
2
3
5
6
7
9
10
13
16
17
19
20
22
23
25
27
28
29
30
31
鳥取県
岡山県
兵庫県
京都府
大阪府
香川県
徳島県
愛媛県
高知県
和歌山県
淡路島
小豆島
中国山地
四国山地
丹後半島
経ヶ岬
丹後松島
若狭湾
山陰本線
鳥取空港
鳥取砂丘
鳥取
倉吉
はわい
浜村
湖山池
郡家
若桜
扇ノ山
大山
大山寺
上蒜山
三朝
三佛寺
三徳山
東郷
浦富海岸
浜坂
但馬御火浦
香住
城崎
玄武洞
豊岡
コウノトリ但馬空港
神鍋高原
ハチ高原
氷ノ山
円山川
出石神社
和田山
京都丹後鉄道宮豊線
宮津
天橋立
夕日ヶ浦
由良浜
西舞鶴
東舞鶴
由良川
大江山
福知山
綾部
智頭
湯原
奥津
因美線
那岐山
津山
姫新線
佐用
湯郷
吉井川
旭川
津山線
上郡
播但線
北条町
加古川線
福知山線
谷川
三田
宝塚
有馬温泉
有馬
六甲山
園部
亀岡
丹波高地
山陰本線
伯備線
新見
備中神代
井倉峡
吹屋
備中高梁
高梁川
井原鉄道
山陽本線
山陽新幹線
赤穂線
旧閑谷学校
姫路城
姫路
相生
粟生
厄神
神戸電鉄
西神中央
西明石
明石公園
新神戸
三ノ宮
兵庫
神戸空港
神戸港
新大阪
大阪
天王寺
長居
三国ヶ丘
鳳
和泉中央
阪和線
関西空港
関西国際空港
りんくうタウン
日根野
水間観音
南海本線
多奈川
加太
和歌山市
和歌山
貴志
紀の川
和歌山線
橋本
極楽橋
高野山
粉河寺
根来寺
紀三井寺
新和歌浦
和歌山下津港
有田川
岡山空港
総社
岡山
後楽園
西大寺
清音
倉敷
茶屋町
岡南飛行場
新倉敷
児島半島
宇野
児島
水島港
直島
豊島
鷲羽山
寒霞渓
牛窓
長島
前島
鹿久居島
西島
家島
男鹿島
播磨灘
大阪湾
瀬戸大橋
瀬戸内海
広島
北木島
鞆の浦
備後灘
高見島
粟島
五色台
坂出
高松
屋島
栗林公園
琴電志度
長尾
高徳線
多度津
善通寺
高松空港
琴電琴平
金刀比羅宮
土讃線
讃岐まんのう公園
塩江
讃岐山脈
阿波の土柱
観音寺
燧灘
川之江
予讃線
吉野川
阿波池田
徳島線
池谷
鳴門
徳島阿波おどり空港
徳島
眉山
沼島
慶野松原
由良
沖ノ島
紀伊水道
紀勢本線
御坊
道成寺
日高川
那賀川
阿南
津峯山
蒲生田岬
阿南海岸
阿波大島
牟岐線
海部
甲浦
奈半利
室戸岬
土佐くろしお鉄道
後免
高知龍馬空港
高知
土佐湾
桂浜
横浪三里
仁淀川
龍河洞
三嶺
剣山
剣山地
祖谷渓
大歩危
物部川
南部梅林
千畳敷
白浜
南紀白浜空港
すさみ
伯母子岳
龍神

関西索引図

1:1,200,000

0　10　20　30　40　50km

地図上の1センチは12キロメートル

凡例

- 駅　トンネル　計画線　新幹線
- JR線
- 私鉄線※
- フェリー　旅客船
- 車両基地
- 鉄道博物館
- 姫路城　世界遺産
- ※地下鉄線の地上部分を含む
- 1　広域図
- 18　詳細図

名古屋周辺の詳細図は レールウェイマップル 中部
若桜、岡山、水島、徳島の詳細図は レールウェイマップル 中国・四国
に収録しています

1:250,000

0 2 4 6 8 10km

地図上の1センチは2.5キロメートル

鉄道施設 景観

車両基地（全般検査可能） / 信号場・信号所 / スイッチバック / 鉄道博物館 / 車両展示
車両基地 / デッドセクション / ループ線 / 鉄道記念館 / 廃線跡
車両製造工場 / 急勾配 / 大カーブ / 鉄道記念碑 / ロケ地

中四 5

路線
新幹線 / 駅間距離 2.0km / JR複線 / JR単線 / 私鉄複線 / 私鉄単線 / 貨物線 / 新交通・モノレール / ケーブルカー / ロープウェイ / 廃線 / バス / カーフェリー / 旅客船

その他鉄道施設
撮影ポイント
絶景ポイント

駅・施設の付属情報

1234-5678 駅コード
ご利用案内 ➡ 表紙裏ページ

特急停車駅 / 列車交換 / スイッチバック / ループ線 / 頭端式ホーム / 転車台 / 扇形車庫 / デッドセクション / みどりの窓口 / レンタカー / 駅弁 / 多目的トイレ / 入浴施設 / 立食そば / 駅スタンプ / 硬券入場券 / 発車音楽 / 駅ビル / 重要文化財 / 登録有形文化財 / 近代化産業遺産 / 鉄道記念物 / 近畿の駅百選

1:250,000

0 2 4 6 8 10km

地図上の1センチは2.5キロメートル

鉄道施設景観

車両基地（全般検査可能）
車両基地
車両製造工場
信号場・信号所
デッドセクション
急勾配
スイッチバック
ループ線
大カーブ
鉄道博物館
鉄道記念館
鉄道記念碑
車両展示
廃線跡
ロケ地

路線

新幹線
2.0km 駅間距離
JR複線
JR単線
私鉄複線
私鉄単線
貨物線
新交通・モノレール
ケーブルカー
ロープウェイ
廃線
バス
フェリ
旅客船

★ その他鉄道施設
撮影ポイント
絶景ポイント

駅・施設の付属情報

1234-5678 駅コード
ご利用案内 ➡ 表紙裏ページ

特急停車駅 / 列車交換 / スイッチバック / ループ線 / 頭端式ホーム / 転車台 / 扇形車庫 / デッドセクション / みどりの窓口 / レンタカー / 駅弁 / 多目的トイレ / 入浴施設 / 立食そば / 駅スタンプ / 硬券入場券 / 発車音楽 / 駅ビル / 重要文化財 / 登録有形文化財 / 近代化産業遺産 / 鉄道記念物 / 近畿の駅百選

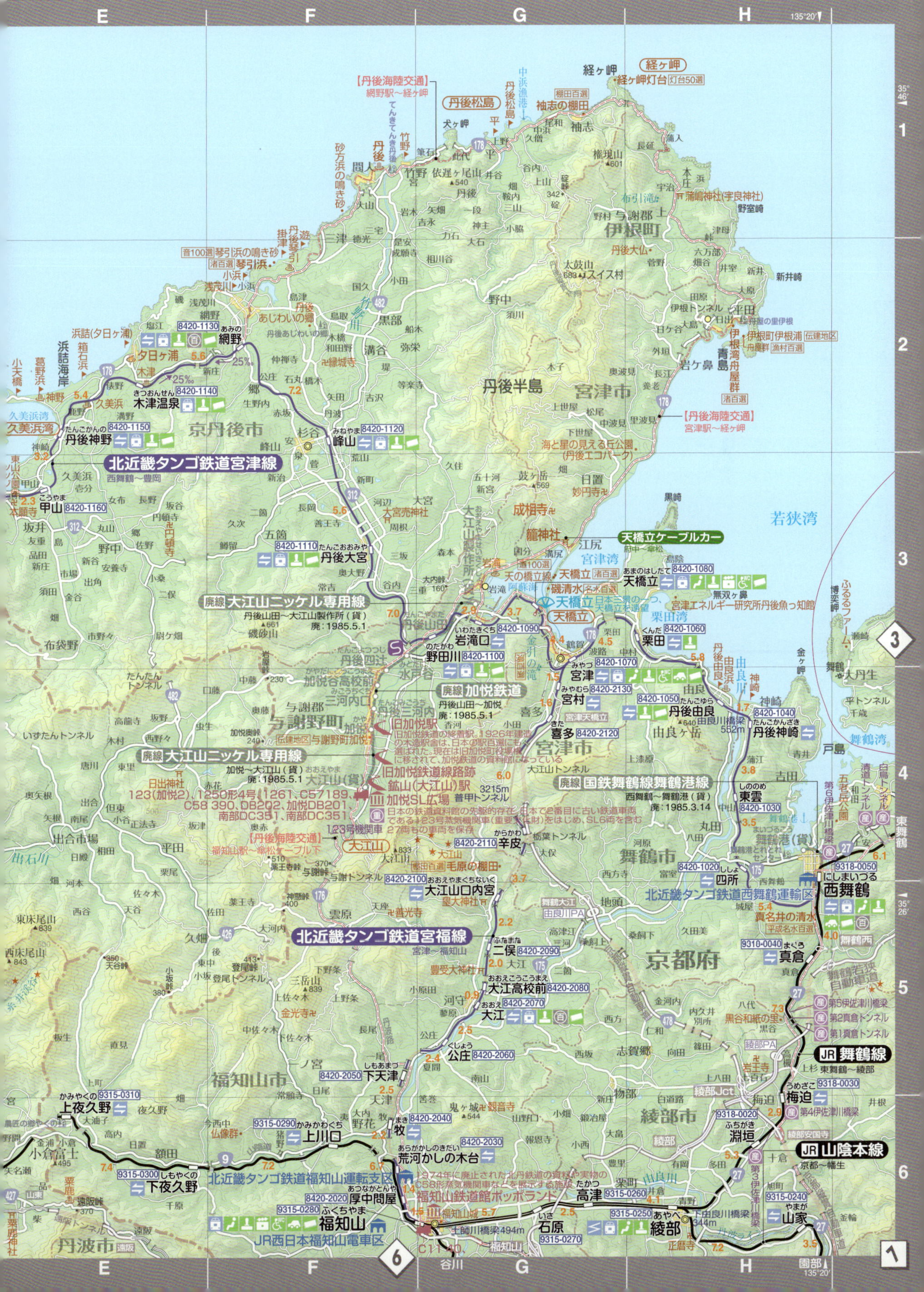

1:250,000

0 2 4 6 8 10km

地図上の1センチは2.5キロメートル

鉄道施設景観

車両基地（全般検査可能） / 車両基地 / 車両製造工場 / 信号場・信号所 / デッドセクション / 急勾配 / スイッチバック / ループ線 / 大カーブ / 鉄道博物館 / 鉄道記念館 / 鉄道記念碑 / 車両展示 / 廃線跡 / ロケ地

路線

新幹線 / 2.0km 駅間距離 / JR複線 / JR単線 / 私鉄複線 / 私鉄単線 / 貨物線 / 新交通・モノレール / ケーブルカー / ロープウェイ / 廃線 / バス / カーフェリー / 旅客船

その他鉄道施設
撮影ポイント
絶景ポイント

駅・施設の付属情報

1234-5678 駅コード

ご利用案内 ➡ 表紙裏ページ

特急停車駅 / 列車交換 / スイッチバック / ループ線 / 頭端式ホーム / 転車台 / 扇形車庫 / デッドセクション / みどりの窓口 / レンタカー / 駅弁 / 多目的トイレ / 入浴施設 / 立食そば / 駅スタンプ / 硬券入場券 / 発車音楽 / 駅ビル / 重要文化財 / 登録有形文化財 / 近代化産業遺産 / 鉄道記念物 / 近畿の駅百選

4

1:250,000

0 2 4 6 8 10km

地図上の1センチは2.5キロメートル

鉄道施設景観 →

- 車両基地（全般検査可能）
- 車両基地
- 車両製造工場
- 信号場・信号所
- デッドセクション
- 急勾配
- スイッチバック
- ループ線
- 大カーブ
- 鉄道博物館
- 鉄道記念館
- 鉄道記念碑
- 車両展示
- 廃線跡
- ロケ地

東海道新幹線

東海道本線

北陸本線

湖西線

樽見鉄道

長良川鉄道

路線 ↓

- 新幹線
- 2.0km 駅間距離
- JR複線
- JR単線
- 私鉄複線
- 私鉄単線
- 貨物線
- 新交通・モノレール
- ケーブルカー
- ロープウェイ
- 廃線
- バス
- カーフェリー
- 旅客船

その他鉄道施設
撮影ポイント
絶景ポイント

駅・施設の付属情報

1234-5678 駅コード

ご利用案内 → 表紙裏ページ

特急停車駅 / 列車交換 / スイッチバック / ループ線 / 頭端式ホーム / 転車台 / 扇形車庫 / デッドセクション / みどりの窓口 / レンタカー / 駅弁 / 多目的トイレ / 入浴施設 / 立食そば / 駅スタンプ / 硬券入場券 / 発車音楽 / 駅ビル / 重要文化財 / 登録有形文化財 / 近代化産業遺産 / 鉄道記念物 / 近畿の駅百選

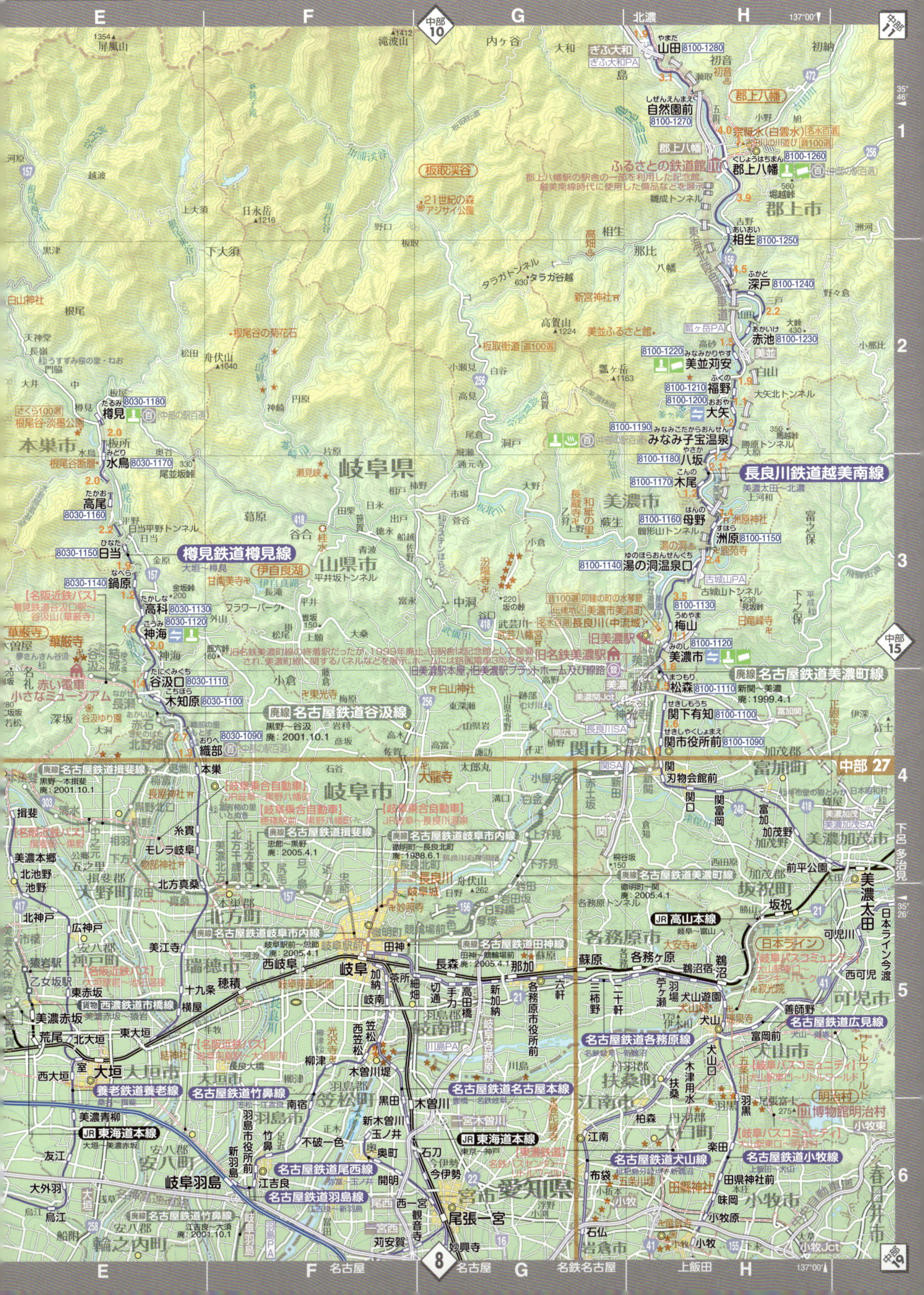

1:250,000

0 2 4 6 8 10km

地図上の1センチは2.5キロメートル

鉄道施設景観

- 車両基地（全般検査可能）
- 車両基地
- 車両製造工場
- 信号場・信号所
- デッドセクション
- 急勾配
- スイッチバック
- ループ線
- 大カーブ
- 鉄道博物館
- 鉄道記念館
- 鉄道記念碑
- 車両展示
- 廃線跡
- ロケ地

山陽本線
姫新線
因美線
津山線
智頭急行智頭線
若桜鉄道

路線

- 新幹線
- 2.0km 駅間距離
- JR複線
- JR単線
- 私鉄複線
- 私鉄単線
- 貨物線
- 新交通・モノレール
- ケーブルカー
- ロープウェイ
- 廃線
- バス
- カーフェリー
- 旅客船

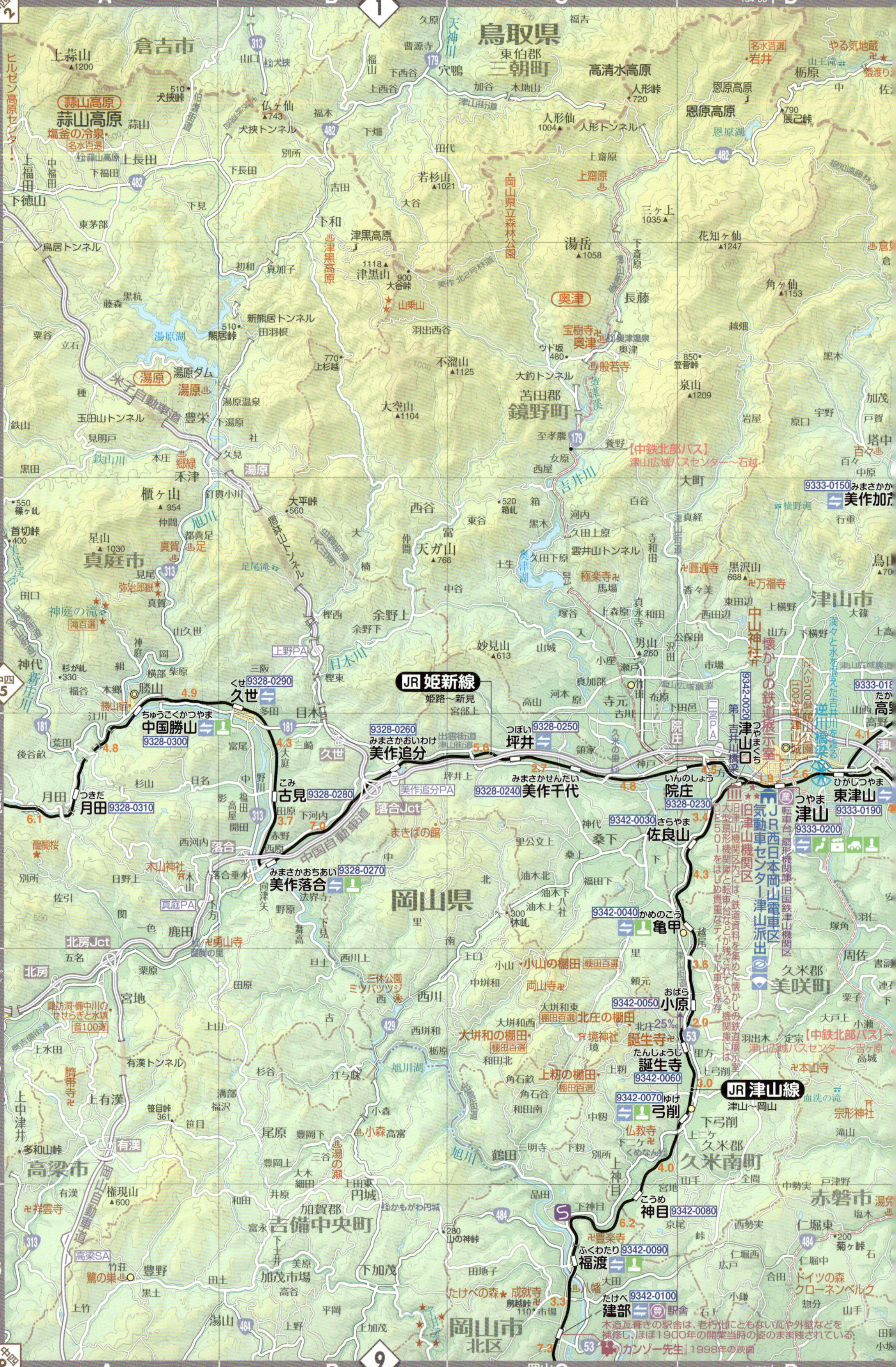

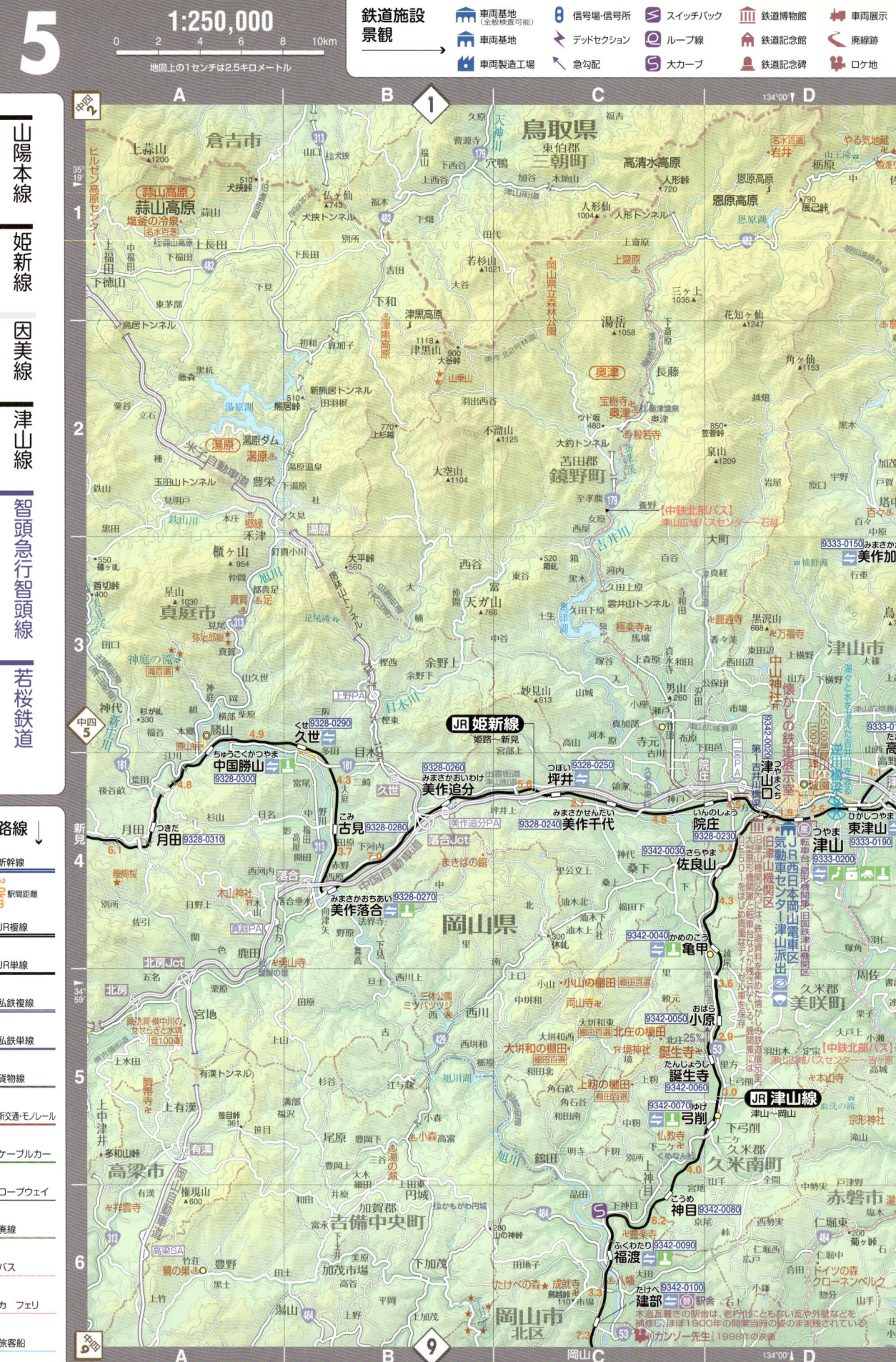

その他鉄道施設
撮影ポイント
絶景ポイント

駅・施設の付属情報

1234-5678 駅コード
ご利用案内 ⇒ 表紙裏ページ

特急停車駅 / 列車交換 / スイッチバック / ループ線 / 頭端式ホーム / 転車台 / 扇形車庫 / デッドセクション / みどりの窓口 / レンタカー / 駅弁 / 多目的トイレ / 入浴施設 / 立食そば / 駅スタンプ / 硬券入場券 / 発車音楽 / 駅ビル / 重要文化財 / 登録有形文化財 / 近代化産業遺産 / 鉄道記念物 / 近畿の駅百選

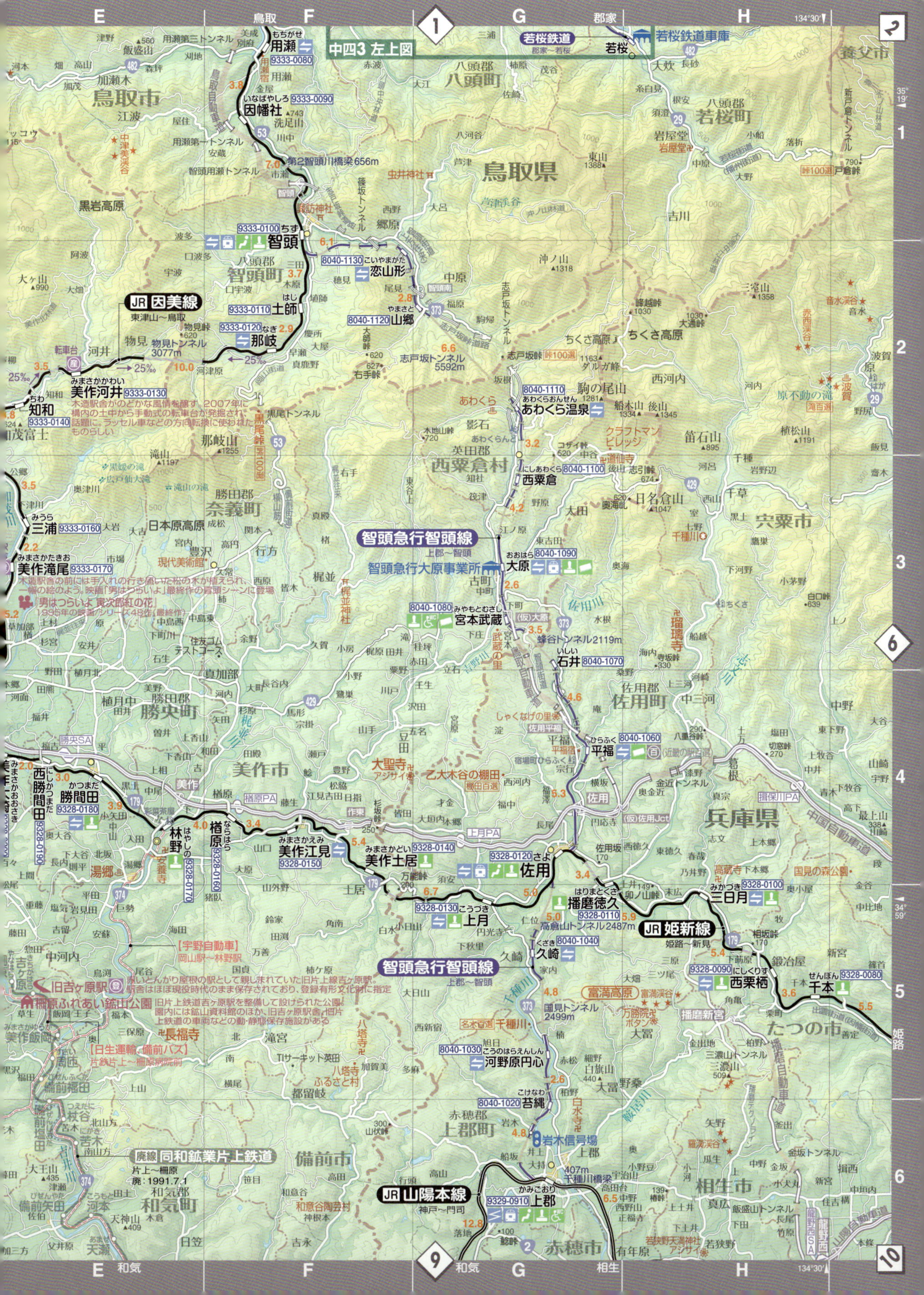

1:250,000

0 2 4 6 8 10km

地図上の1センチは2.5キロメートル

鉄道施設 景観

- 車両基地（全般検査可能）
- 車両基地
- 車両製造工場
- 信号場・信号所
- デッドセクション
- 急勾配
- スイッチバック
- ループ線
- 大カーブ
- 鉄道博物館
- 鉄道記念館
- 鉄道記念碑
- 車両展示
- 廃線跡
- ロケ地

路線

- 新幹線
- 2.0km 駅間距離
- JR複線
- JR単線
- 私鉄複線
- 私鉄単線
- 貨物線
- 新交通・モノレール
- ケーブルカー
- ロープウェイ
- 廃線
- バス
- フェリー
- 旅客船

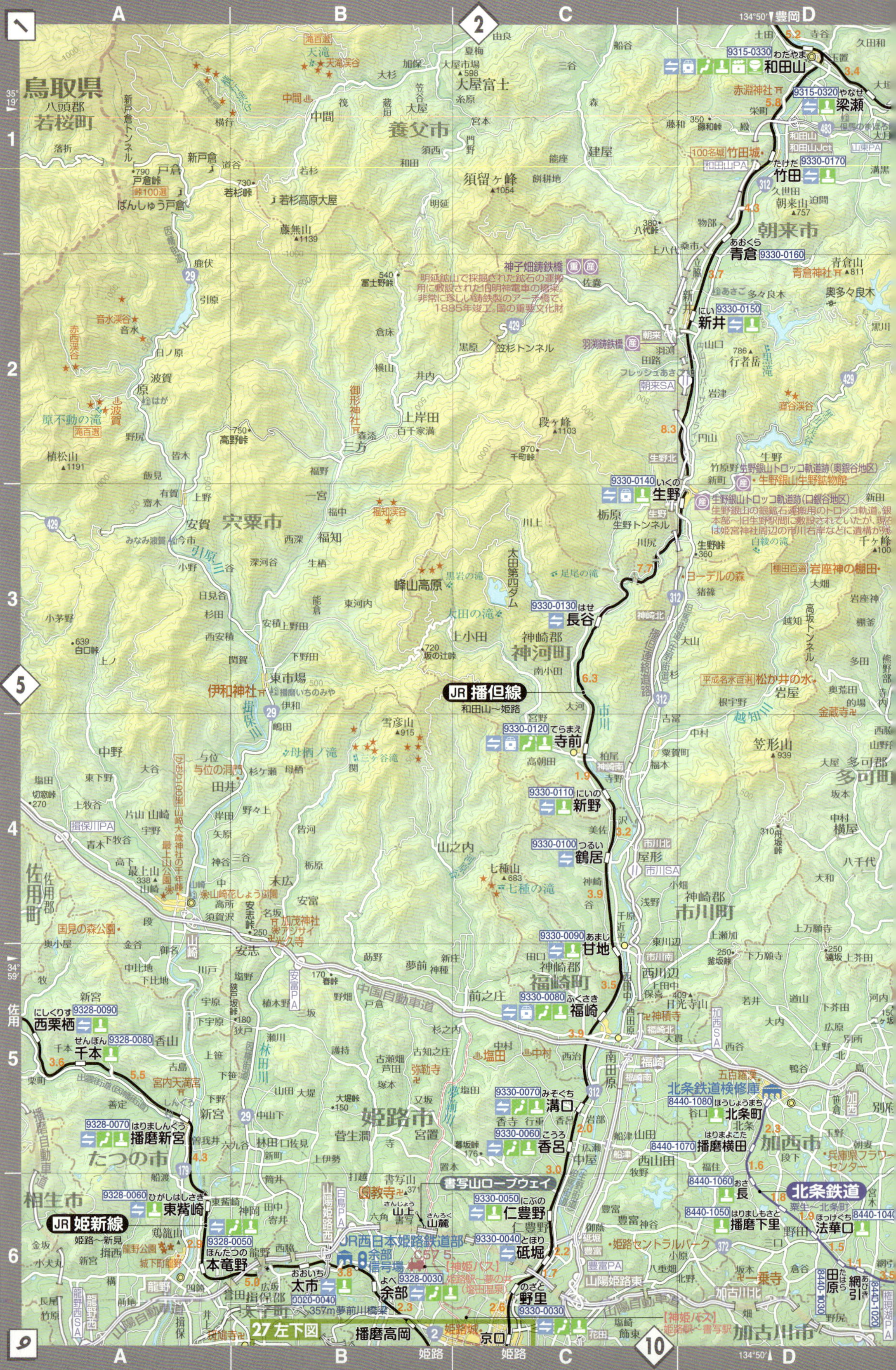

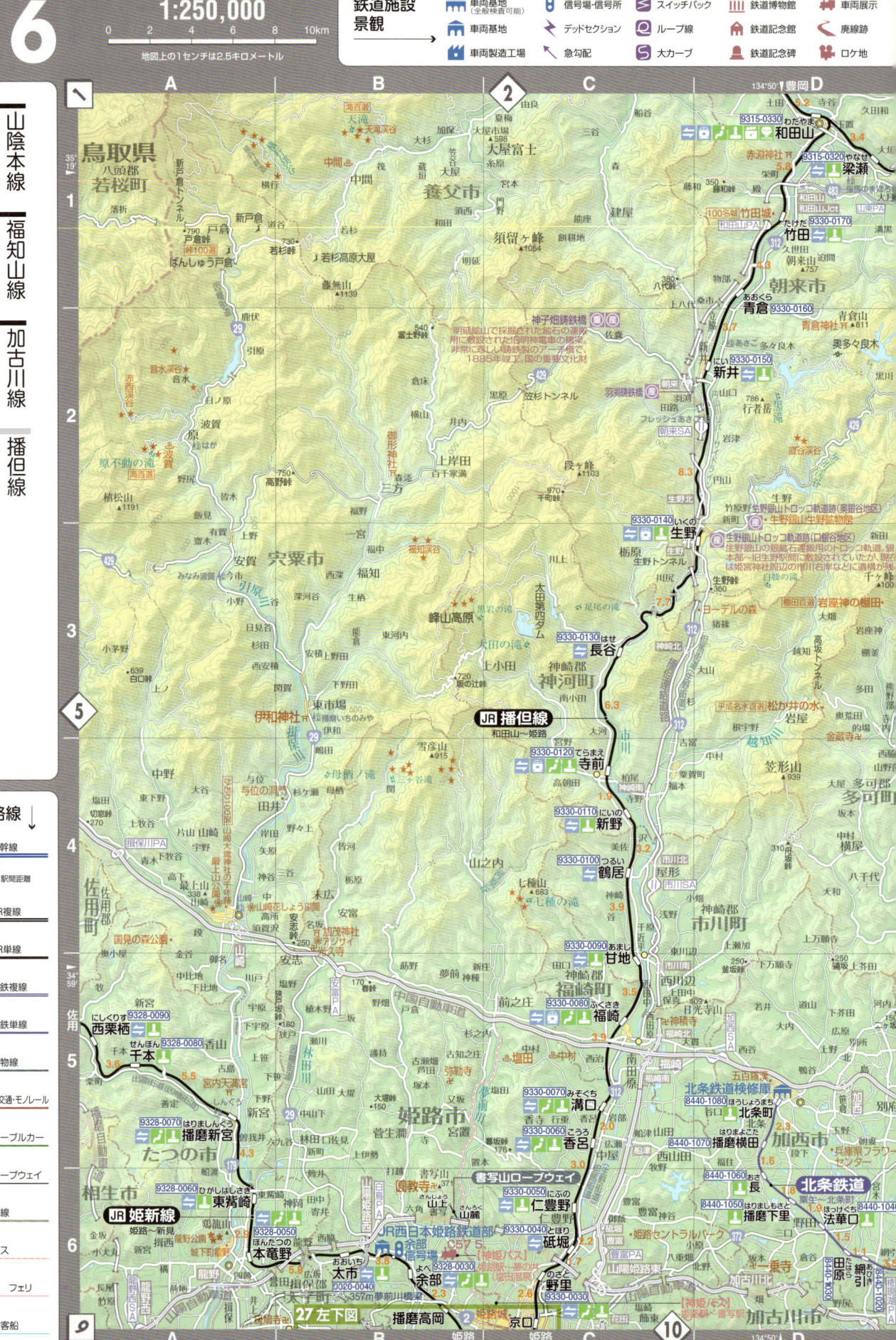

その他鉄道施設
撮影ポイント
絶景ポイント

駅・施設の付属情報

1234-5678 駅コード

ご利用案内 ➡ 表紙裏ページ

特急停車駅
列車交換
スイッチバック
ループ線
頭端式ホーム
転車台
扇形車庫
デッドセクション
みどりの窓口
レンタカー
駅弁
多目的トイレ
入浴施設
立食そば
駅スタンプ
硬券入場券
発車音楽
駅ビル
重要文化財
登録有形文化財
近代化産業遺産
鉄道記念物
近畿の駅百選

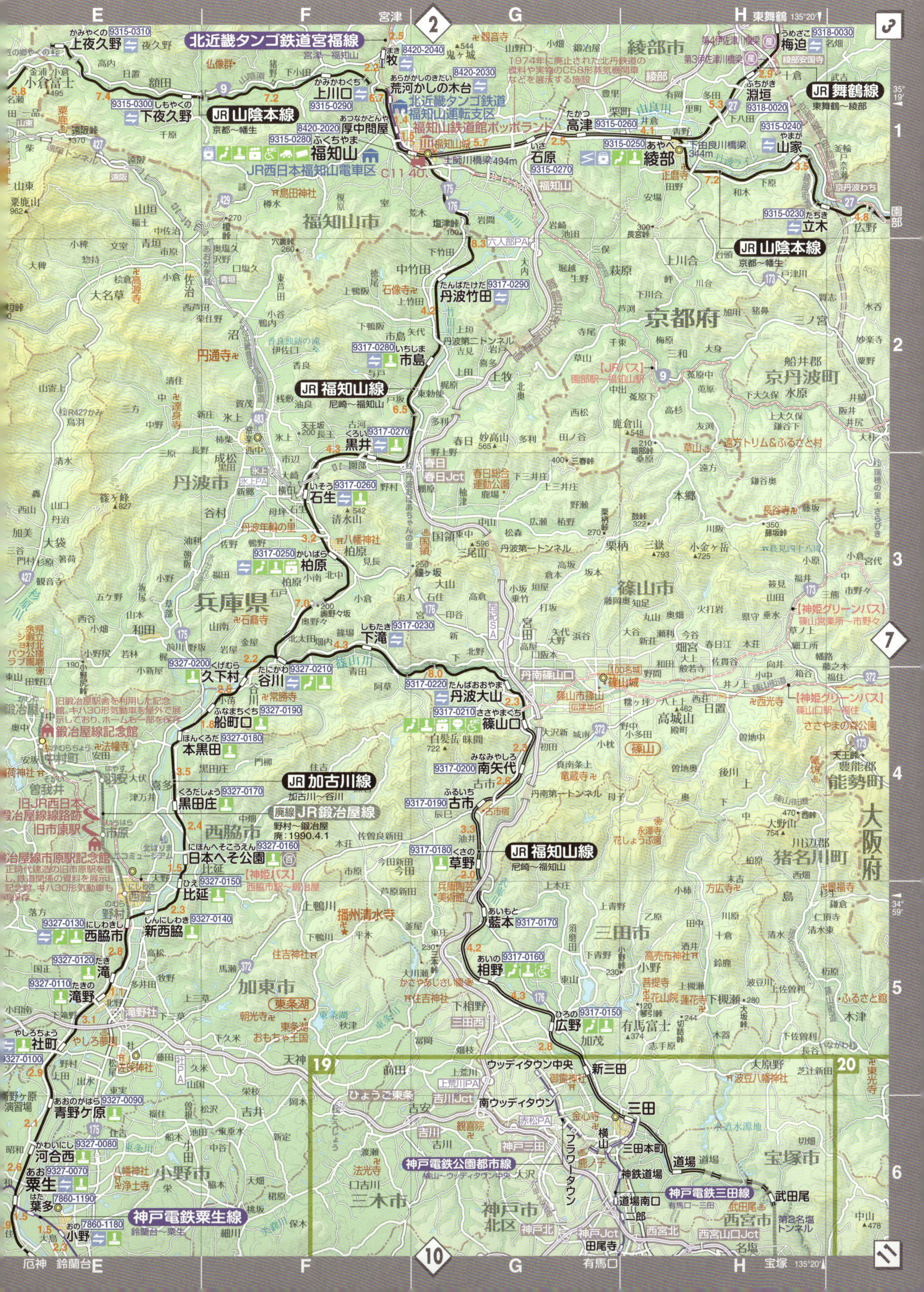

1:250,000

0 2 4 6 8 10km

地図上の1センチは2.5キロメートル

鉄道施設景観

- 車両基地（全般検査可能）
- 車両基地
- 車両製造工場
- 信号場・信号所
- デッドセクション
- 急勾配
- スイッチバック
- ループ線
- 大カーブ
- 鉄道博物館
- 鉄道記念館
- 鉄道記念碑
- 車両展示
- 廃線跡
- ロケ地

東海道新幹線
東海道本線
草津線
湖西線
山陰本線
奈良線

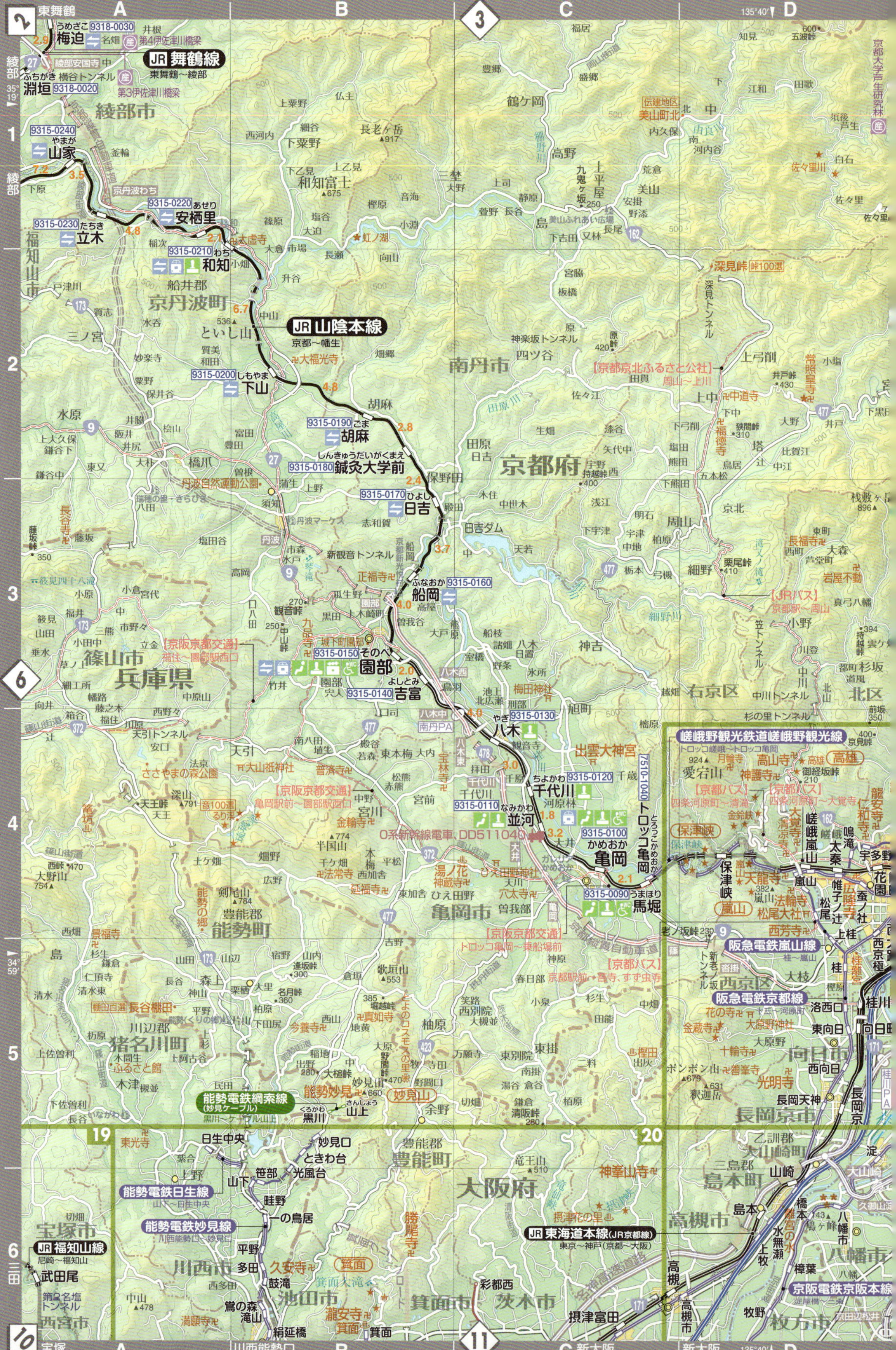

路線

- 新幹線
- 2.0km 駅間距離
- JR複線
- JR単線
- 私鉄複線
- 私鉄単線
- 貨物線
- 新交通・モノレール
- ケーブルカー
- ロープウェイ
- 廃線
- バス
- カーフェリー
- 旅客船

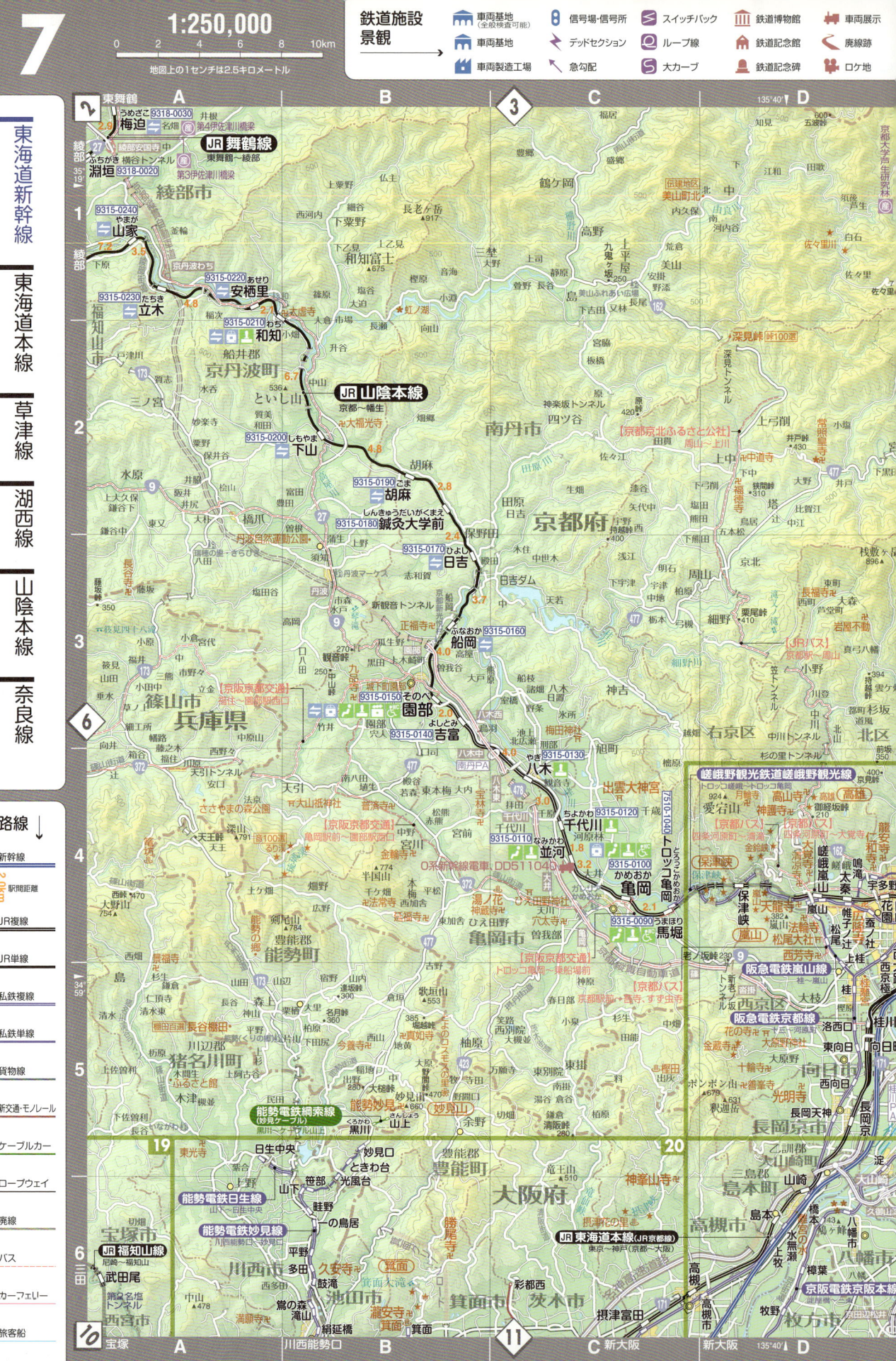

その他鉄道施設
撮影ポイント
絶景ポイント

駅・施設の付属情報

1234-5678 駅コード
ご利用案内 ➲ 表紙裏ページ

特急停車駅 / 列車交換 / スイッチバック / ループ線 / 頭端式ホーム / 転車台 / 扇形車庫 / デッドセクション / みどりの窓口 / レンタカー / 駅弁 / 多目的トイレ / 入浴施設 / 立食そば / 駅スタンプ / 硬券入場券 / 発車音楽 / 駅ビル / 重要文化財 / 登録有形文化財 / 近代化産業遺産 / 鉄道記念物 / 近畿の駅百選

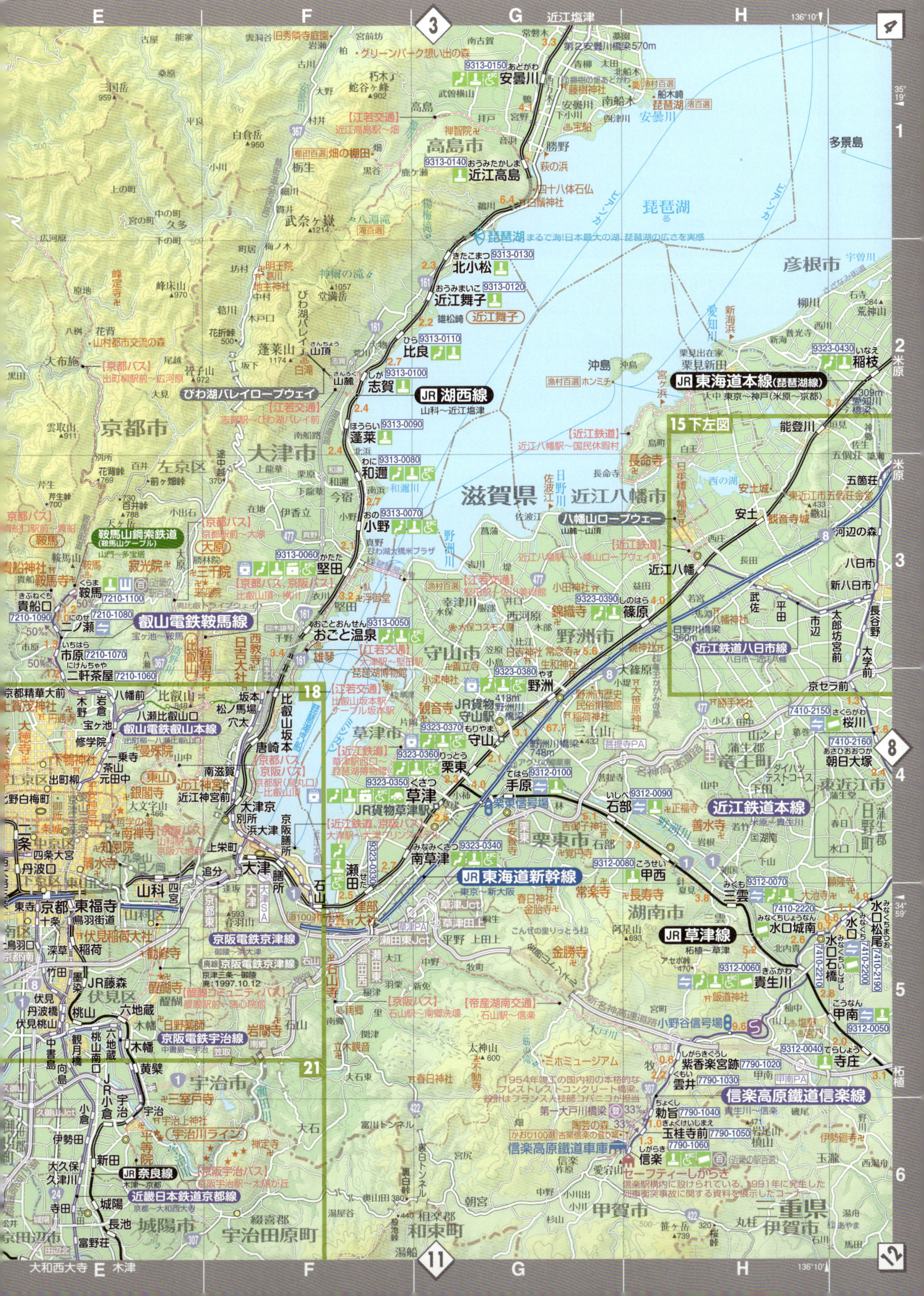

1:250,000

0 2 4 6 8 10km

地図上の1センチは2.5キロメートル

鉄道施設景観

車両基地（全般検査可能） / 車両基地 / 車両製造工場 / 信号場・信号所 / デッドセクション / 急勾配 / スイッチバック / ループ線 / 大カーブ / 鉄道博物館 / 鉄道記念館 / 鉄道記念碑 / 車両展示 / 廃線跡 / ロケ地

東海道新幹線
東海道本線
中央本線
武豊線
草津線
関西本線

路線

新幹線

2.0km 駅間距離

JR複線

JR単線

私鉄複線

私鉄単線

貨物線

新交通・モノレール

ケーブルカー

ロープウェイ

廃線

バス

カーフェリー

旅客船

その他鉄道施設
撮影ポイント
絶景ポイント

駅・施設の付属情報

1234-5678 駅コード
ご利用案内 ⇒ 表紙裏ページ

特急停車駅 / 列車交換 / スイッチバック / ループ線 / 頭端式ホーム / 転車台 / 扇形車庫 / デッドセクション / みどりの窓口 / レンタカー / 駅弁 / 多目的トイレ / 入浴施設 / 立食そば / 駅スタンプ / 硬券入場券 / 発車音楽 / 駅ビル / 重要文化財 / 登録有形文化財 / 近代化産業遺産 / 鉄道記念物 / 近畿の駅百選

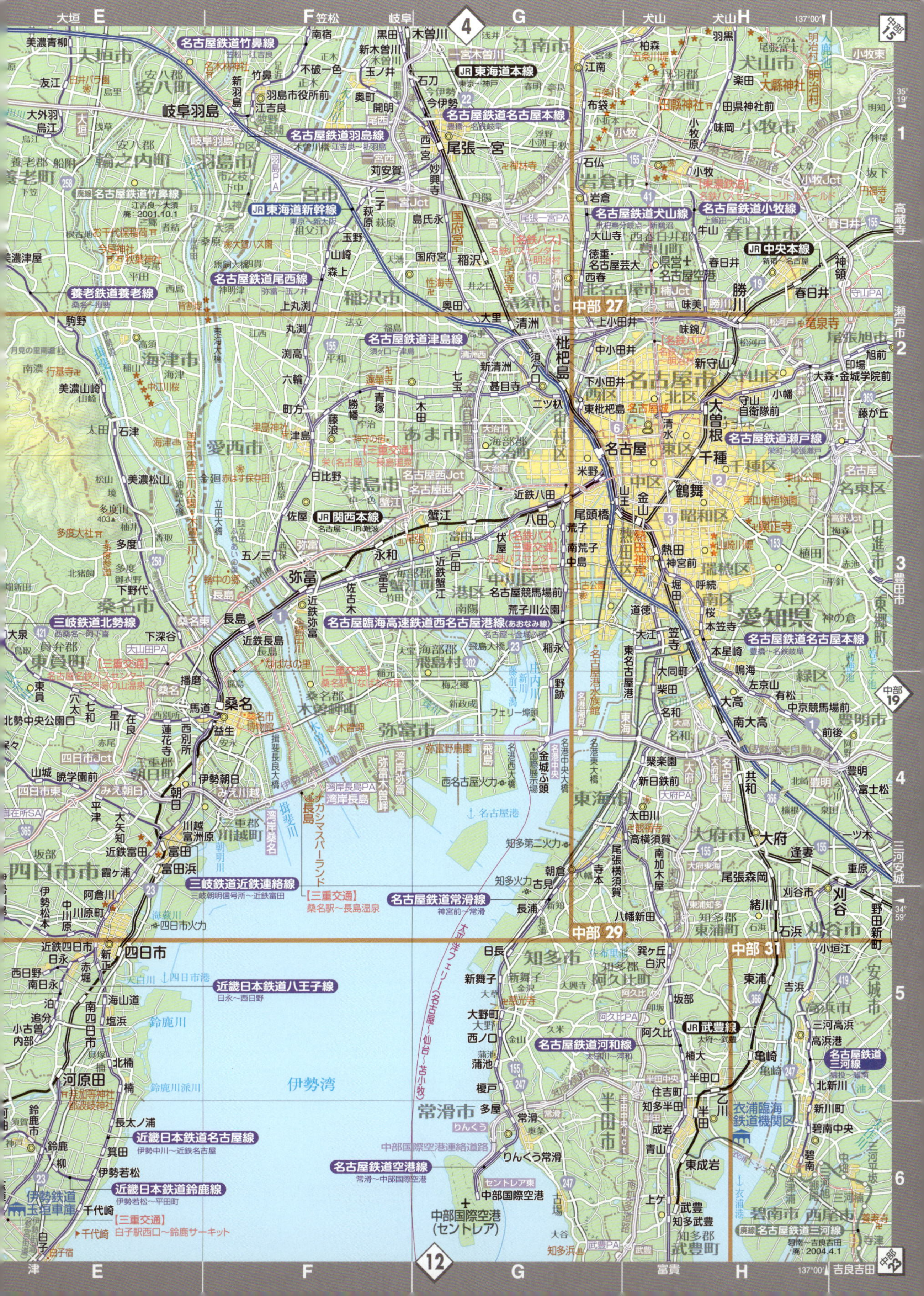

1:250,000

0 2 4 6 8 10km

地図上の1センチは2.5キロメートル

鉄道施設景観

車両基地（全般検査可能）	信号場・信号所	スイッチバック	鉄道博物館	車両展示
車両基地	デッドセクション	ループ線	鉄道記念館	廃線跡
車両製造工場	急勾配	大カーブ	鉄道記念碑	ロケ地

山陽新幹線
山陽本線
赤穂線
伯備線
宇野線
吉備線
津山線

路線

新幹線
2.0km 駅間距離
JR複線
JR単線
私鉄複線
私鉄単線
貨物線
新交通・モノレール
ケーブルカー
ロープウェイ
廃線
バス
カーフェリー
旅客船

その他鉄道施設
撮影ポイント
絶景ポイント

駅・施設の付属情報

1234-5678 駅コード
ご利用案内 → 表紙裏ページ

特急停車駅 / 列車交換 / スイッチバック / ループ線 / 頭端式ホーム / 転車台 / 扇形車庫 / デッドセクション / みどりの窓口 / レンタカー / 駅弁 / 多目的トイレ / 入浴施設 / 立食そば / 駅スタンプ / 硬券入場券 / 発車音楽 / 駅ビル / 重要文化財 / 登録有形文化財 / 近代化産業遺産 / 鉄道記念物 / 近畿の駅百選

5
6
10
中四 16

1:250,000

0 2 4 6 8 10km

地図上の1センチは2.5キロメートル

鉄道施設
景観

車両基地（全般検査可能） 信号場・信号所 スイッチバック 鉄道博物館 車両展示
車両基地 デッドセクション ループ線 鉄道記念館 廃線跡
車両製造工場 急勾配 大カーブ 鉄道記念碑 ロケ地

その他鉄道施設
撮影ポイント
絶景ポイント

駅・施設の付属情報

1234-5678 駅コード

ご利用案内 ➲ 表紙裏ページ

特急停車駅 / 列車交換 / スイッチバック / ループ線 / 頭端式ホーム / 転車台 / 扇形車庫 / デッドセクション / みどりの窓口 / レンタカー / 駅弁 / 多目的トイレ / 入浴施設 / 立食そば / 駅スタンプ / 硬券入場券 / 発車音楽 / 駅ビル / 重要文化財 / 登録有形文化財 / 近代化産業遺産 / 鉄道記念物 / 近畿の駅百選

1:250,000

0 2 4 6 8 10km

地図上の1センチは2.5キロメートル

鉄道施設 景観

車両基地（全般検査可能） 信号場・信号所 スイッチバック 鉄道博物館 車両展示
車両基地 デッドセクション ループ線 鉄道記念館 廃線跡
車両製造工場 急勾配 大カーブ 鉄道記念碑 ロケ地

東海道新幹線
東海道本線
奈良線
関西本線
阪和線
桜井線

路線

新幹線
2.0km 駅間距離
JR複線
JR単線
私鉄複線
私鉄単線
貨物線
新交通・モノレール
ケーブルカー
ロープウェイ
廃線
バス
カーフェリー
旅客船

その他鉄道施設
撮影ポイント
絶景ポイント

駅・施設の付属情報

1234-5678 駅コード
ご利用案内 → 表紙裏ページ

特急停車駅 / 列車交換 / スイッチバック / ループ線 / 頭端式ホーム / 転車台 / 扇形車庫 / デッドセクション / みどりの窓口 / レンタカー / 駅弁 / 多目的トイレ / 入浴施設 / 立食そば / 駅スタンプ / 硬券入場券 / 発車音楽 / 駅ビル / 重要文化財 / 登録有形文化財 / 近代化産業遺産 / 鉄道記念物 / 近畿の駅百選

1:250,000

0 2 4 6 8 10km

地図上の1センチは2.5キロメートル

鉄道施設 景観 →

- 車両基地（全般検査可能）
- 車両基地
- 車両製造工場
- 信号場・信号所
- デッドセクション
- 急勾配
- スイッチバック
- ループ線
- 大カーブ
- 鉄道博物館
- 鉄道記念館
- 鉄道記念碑
- 車両展示
- 廃線跡
- ロケ地

武豊線
紀勢本線
草津線
参宮線
名松線
関西本線

路線 ↓

- 新幹線
- 2.0km 駅間距離
- JR複線
- JR単線
- 私鉄複線
- 私鉄単線
- 貨物線
- 新交通・モノレール
- ケーブルカー
- ロープウェイ
- 廃線
- バス
- カーフェリー
- 旅客船

その他鉄道施設
撮影ポイント
絶景ポイント

駅・施設の付属情報

1234-5678 駅コード
ご利用案内 ➔ 表紙裏ページ

特急停車駅 / 列車交換 / スイッチバック / ループ線 / 頭端式ホーム / 転車台 / 扇形車庫 / デッドセクション / みどりの窓口 / レンタカー / 駅弁 / 多目的トイレ / 入浴施設 / 立食そば / 駅スタンプ / 硬券入場券 / 発車音楽 / 駅ビル / 重要文化財 / 登録有形文化財 / 近代化産業遺産 / 鉄道記念物 / 近畿の駅百選

1:250,000

0 2 4 6 8 10km

地図上の1センチは2.5キロメートル

鉄道施設
景観

車両基地（全般検査可能） 信号場・信号所 スイッチバック 鉄道博物館 車両展示
車両基地 デッドセクション ループ線 鉄道記念館 廃線跡
車両製造工場 急勾配 大カーブ 鉄道記念碑 ロケ地

紀勢本線
関西空港線
阪和線
和歌山線
鳴門線
牟岐線

路線

新幹線
2.0km 駅間距離
JR複線
JR単線
私鉄複線
私鉄単線
貨物線
新交通・モノレール
ケーブルカー
ロープウェイ
廃線
バス
カーフェリー
旅客船

その他鉄道施設
撮影ポイント
絶景ポイント

駅・施設の付属情報

1234-5678 駅コード

ご利用案内 ➡ 表紙裏ページ

特急停車駅 / 列車交換 / スイッチバック / ループ線 / 頭端式ホーム / 転車台 / 扇形車庫 / デッドセクション / みどりの窓口 / レンタカー / 駅弁 / 多目的トイレ / 入浴施設 / 立食そば / 駅スタンプ / 硬券入場券 / 発車音楽 / 駅ビル / 重要文化財 / 登録有形文化財 / 近代化産業遺産 / 鉄道記念物 / 近畿の駅百選

関西空港
関西国際空港
JR阪和線
天王寺～和歌山
JR関西空港線
日根野～関西空港
南海電鉄空港線
泉佐野～関西空港
りんくうJct
りんくうタウン
泉佐野市
貝塚市
大阪府
大阪湾
日根野
南海電鉄本線
難波～和歌山市
南海電鉄多奈川線
みさき公園～多奈川
多奈川
深日町
みさき公園
淡輪
箱作
尾崎
鳥取ノ荘
和泉鳥取
山中渓
阪南市
泉南市
岬町
孝子
JR紀勢本線
和歌山～和歌山市
JR和歌山線
王寺～和歌山
南海電鉄加太線
紀ノ川～加太
加太
磯ノ浦
二里ヶ浜
八幡前
東松江
紀ノ川
紀伊中ノ島
六十谷
紀伊
和歌山市
和歌山
田井ノ瀬
千旦
布施屋
紀伊小倉
船戸
岩出
岩出市
下井阪
南海電鉄和歌山港線
和歌山市～和歌山港
和歌山港
廃線 南海電鉄和歌山港線
和歌山港～水軒
廃：2002.5.26
和歌山電鐵貴志川線
和歌山～貴志
日前宮
神前
竈山
交通センター前
岡崎前
山東
伊太祈曽
大池遊園
西山口
甘露寺前
貴志
紀の川市
新和歌浦
紀三井寺
9311-0050
黒江
9311-0060
海南
9311-0070
旧野上鉄道線路跡
海南駅付近から沖野々駅付近までの廃線跡を自動車専用道として整備。
下佐々駅付近にはかつて野上鉄道で活躍した車両を保存
海南港とコンビナートの景色
冷水浦
9311-0080
加茂郷
9311-0090
下津
9311-0100
初島
9311-0110
箕島
9311-0120
紀伊宮原
9311-0130
藤並
9311-0140
湯浅
9311-0150
広川ビーチ
9311-0160
紀伊由良
9311-0170
JR紀勢本線（きのくに線）
亀山～和歌山市（新宮～和歌山）
廃線 野上電鉄
日方～登山口
廃：1994.4.1
廃線 有田鉄道
藤並～金屋口
廃：2002.12.31
和歌山県
海南市
有田市
紀美野町
有田川町
湯浅町
広川町
由良町
日高川町
日高町
御坊市
有田川
紀伊水道
友ヶ島
友ヶ島水道
地ノ島
沖ノ島
成ヶ島
由良
加太
D51 737
912m有田川橋梁
生石高原
【淡路交通】
岩屋～洲本高速バスセンター
【淡路交通】
洲本高速バスセンター～由良
淡路ワールドパーク
洲本城
サントピアマリーナ
御坊
10
14
16
28
25
E
F
G
H
1
2
3
4
5
6

1:250,000

0 2 4 6 8 10km

地図上の1センチは2.5キロメートル

鉄道施設 景観 →

車両基地（全般検査可能） / 車両基地 / 車両製造工場 / 信号場・信号所 / デッドセクション / 急勾配 / スイッチバック / ループ線 / 大カーブ / 鉄道博物館 / 鉄道記念館 / 鉄道記念碑 / 車両展示 / 廃線跡 / ロケ地

紀勢本線
阪和線
和歌山線
南海電鉄高野線
近畿日本鉄道吉野線

路線↓

新幹線
2.0km 駅間距離
JR複線
JR単線
私鉄複線
私鉄単線
貨物線
新交通・モノレール
ケーブルカー
ロープウェイ
廃線
バス
カーフェリー
旅客船

その他鉄道施設
撮影ポイント
絶景ポイント

駅・施設の付属情報

1234-5678 駅コード

ご利用案内 → 表紙裏ページ

特急停車駅 / 列車交換 / スイッチバック / ループ線 / 頭端式ホーム / 転車台 / 扇形車庫 / デッドセクション / みどりの窓口 / レンタカー / 駅弁 / 多目的トイレ / 入浴施設 / 立食そば / 駅スタンプ / 硬券入場券 / 発車音楽 / 駅ビル / 重要文化財 / 登録有形文化財 / 近代化産業遺産 / 鉄道記念物 / 近畿の駅百選

11
12
15
17
26
29
E
F
G
H
1
2
3
4
5
6
高田
橿原神宮前
壺阪山
市尾
高市郡
明日香村
宇陀市
御杖村
高市郡
高取町
壺阪寺
高取城
近鉄日本鉄道吉野線
橿原神宮前～吉野
吉野口
薬水
福神
下市口
大和上市
吉野神宮
吉野
六田
吉野郡
大淀町
吉野町
下市町
吉野川
世尊寺
金峯山寺
吉水神社
如意輪寺
水分神社
竹林院
高城山
吉野山
吉野郡
黒滝村
鳳閣寺
五條市
洞川
龍泉寺
洞川湧水群
みたらい渓谷
天河大弁財天社
吉野郡
天川村
吉野郡
東吉野村
丹生川上神社中社
七滝八重
高見山
高見峠
松阪市
木工の里
奈良交通
八木駅～湯盛温泉杉の湯
丹生川上神社上社
湯盛
福源寺
大天井ヶ岳
1439
吉野郡
川上村
金剛寺
柏木
大迫
伯母谷
大普賢岳
1780
山上ヶ岳
1719
大峯山寺
稲村ヶ岳
1726
伯母峰峠
970
奈良交通
上市駅～大台ヶ原
多気郡
大台町
大杉谷
大台ヶ原
日出ヶ岳
1695
和佐又山
1344
行者還岳
1546
弥山
1895
八経ヶ岳
(八剣山)
1915
奈良県
大峰山
七面山
1619
仏生嶽
1805
孔雀岳
1779
釈迦ヶ岳
1800
吉野郡
上北山村
河合
北牟婁郡
紀北町
奈良交通
八木駅～新宮駅
十津川
谷瀬の吊橋
不動七重滝
吉野郡
下北山村
池原ダム
池原
上池原
尾鷲市
9409-0160
尾鷲
JR 紀勢本線
亀山～和歌山市
紀伊長島
三重県
吉野郡
十津川村
風屋ダム
湯泉地
小原
十津川第一
笠捨山
1352
瀞峡
七色ダム
和歌山県
東牟婁郡
北山村
熊野市
JR 紀勢本線
亀山～和歌山市
9409-0120
賀田
9409-0110
二木島
2933m 曽根トンネル
2534m 逢神坂トンネル
2839m 矢ノ川トンネル
新宮
136°10'
34°25'
34°05'

1:250,000

0 2 4 6 8 10km

地図上の1センチは2.5キロメートル

鉄道施設
景観

車両基地（全般検査可能）
車両基地
車両製造工場
信号場・信号所
デッドセクション
急勾配
スイッチバック
ループ線
大カーブ
鉄道博物館
鉄道記念館
鉄道記念碑
車両展示
廃線跡
ロケ地

路線

新幹線
2.0km 駅間距離
JR複線
JR単線
私鉄複線
私鉄単線
貨物線
新交通・モノレール
ケーブルカー
ロープウェイ
廃線
バス
カーフェリー
旅客船

- その他鉄道施設
- 撮影ポイント
- 絶景ポイント

駅・施設の付属情報

1234-5678 駅コード

ご利用案内 → 表紙裏ページ

特急停車駅 / 列車交換 / スイッチバック / ループ線 / 頭端式ホーム / 転車台 / 扇形車庫 / デッドセクション / みどりの窓口 / レンタカー / 駅弁 / 多目的トイレ / 入浴施設 / 立食そば / 駅スタンプ / 硬券入場券 / 発車音楽 / 駅ビル / 重要文化財 / 登録有形文化財 / 近代化産業遺産 / 鉄道記念物 / 近畿の駅百選

E F G H

1:250,000

0 2 4 6 8 10km

地図上の1センチは2.5キロメートル

鉄道施設
景観

車両基地(全般検査可能)
車両基地
車両製造工場
信号場・信号所
デッドセクション
急勾配
スイッチバック
ループ線
大カーブ
鉄道博物館
鉄道記念館
鉄道記念碑
車両展示
廃線跡
ロケ地

紀勢本線
牟岐線

路線

新幹線

2.0km 駅間距離

JR複線

JR単線

私鉄複線

私鉄単線

貨物線

新交通・モノレール

ケーブルカー

ロープウェイ

廃線

バス

カーフェリー

旅客船

その他鉄道施設
撮影ポイント
絶景ポイント

駅・施設の付属情報

1234-5678 駅コード
ご利用案内 ➡ 表紙裏ページ

特急停車駅 / 列車交換 / スイッチバック / ループ線 / 頭端式ホーム / 転車台 / 扇形車庫 / デッドセクション / みどりの窓口 / レンタカー / 駅弁 / 多目的トイレ / 入浴施設 / 立食そば / 駅スタンプ / 硬券入場券 / 発車音楽 / 駅ビル / 重要文化財 / 登録有形文化財 / 近代化産業遺産 / 鉄道記念物 / 近畿の駅百選

1:250,000

0 2 4 6 8 10km

地図上の1センチは2.5キロメートル

鉄道施設
景観

車両基地(全般検査可能)
車両基地
車両製造工場
信号場・信号所
デッドセクション
急勾配
スイッチバック
ループ線
大カーブ
鉄道博物館
鉄道記念館
鉄道記念碑
車両展示
廃線跡
ロケ地

紀勢本線

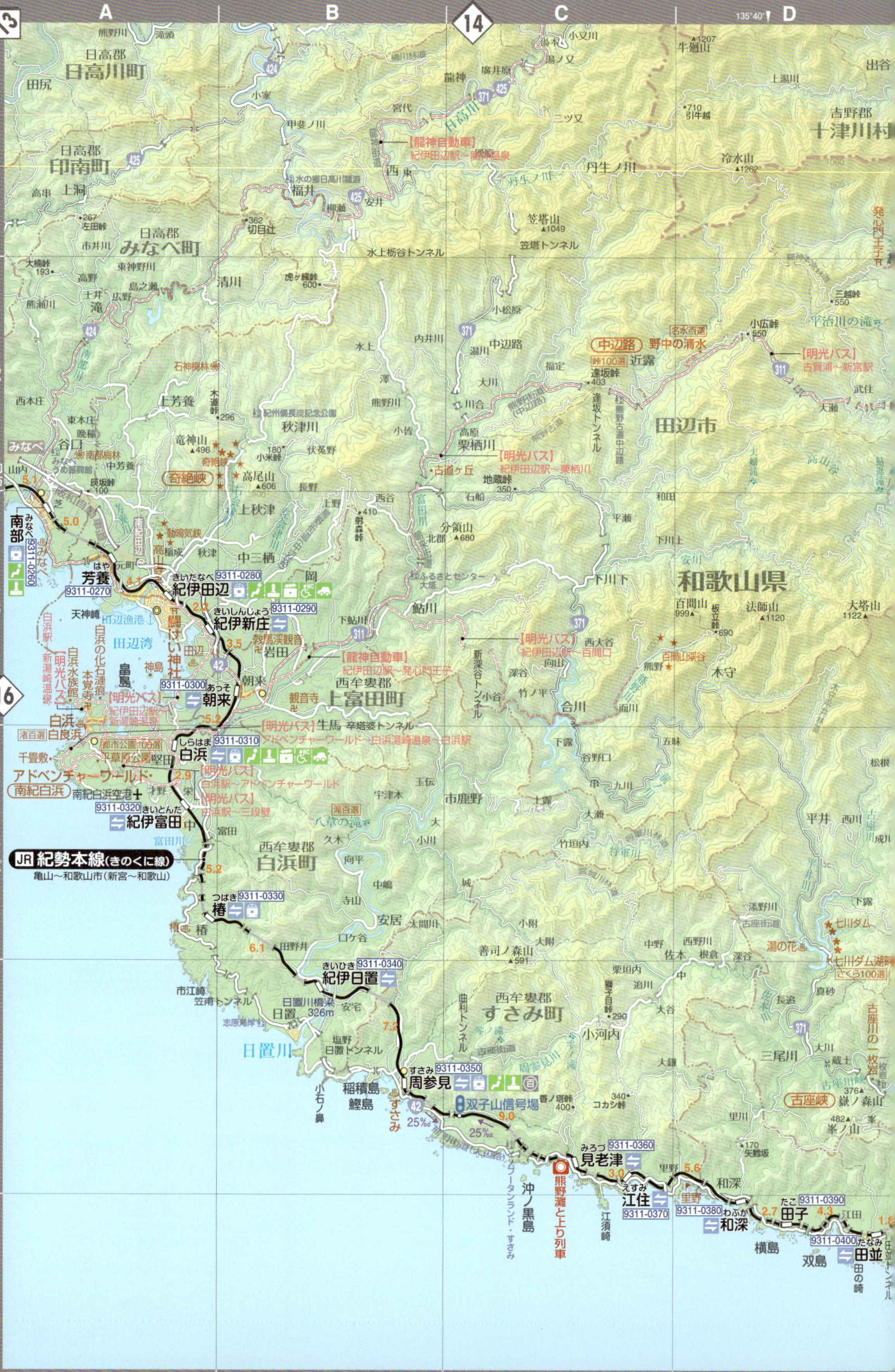

路線

新幹線

2.0km 駅間距離

JR複線

JR単線

私鉄複線

私鉄単線

貨物線

新交通・モノレール

ケーブルカー

ロープウェイ

廃線

バス

カーフェリー

旅客船

その他鉄道施設
撮影ポイント
絶景ポイント

駅・施設の付属情報

1234-5678 駅コード
ご利用案内 → 表紙裏ページ

特急停車駅 / 列車交換 / スイッチバック / ループ線 / 頭端式ホーム / 転車台 / 扇形車庫 / デッドセクション / みどりの窓口 / レンタカー / 駅弁 / 多目的トイレ / 入浴施設 / 立食そば / 駅スタンプ / 硬券入場券 / 発車音楽 / 駅ビル / 重要文化財 / 登録有形文化財 / 近代化産業遺産 / 鉄道記念物 / 近畿の駅百選

14
15
E
F
G
H
1
2
3
4
5
6
JR 紀勢本線
亀山～和歌山市
和歌山県
奈良県
三重県
熊野市
御浜町
紀宝町
新宮市
那智勝浦町
太地町
古座川町
串本町
紀伊半島
熊野灘
太平洋
二木島 9409-0110
新鹿 9409-0100
波田須 9409-0090
大泊 9409-0080
熊野市 9409-0070
有井 9409-0060
神志山 9409-0050
紀伊市木 9409-0040
阿田和 9409-0030
紀伊井田 9409-0020
鵜殿 9409-0010
JR貨物鵜殿駅
熊野川橋梁 489m
新宮 9311-0560
三輪崎 9311-0550
紀伊佐野 9311-0540
宇久井 9311-0530
那智 9311-0520
紀伊天満 9311-0510
紀伊勝浦 9311-0500
湯川 9311-0490
太地 9311-0480
下里 9311-0470
紀伊浦神 9311-0460
紀伊田原 9311-0450
古座 9311-0440
紀伊姫 9311-0430
串本 9311-0420
紀伊有田 9311-0410
熊野灘をバックに走る下り列車
海岸沿いを走る上り列車
熊野灘 海岸線まで迫る山々と真っ青な海のコントラストが見事
熊野灘 果てしなく広がる海は、南紀の陽を受けてマリンブルーに輝く
大島 串本の複雑な海岸線と大島の島影
【三重交通】熊野市駅前～鬼ヶ城東口
【熊野交通】紀伊勝浦駅～本宮大社前
【熊野交通】紀伊勝浦駅～土河屋
【熊野交通】新宮駅～小口
【熊野交通】紀伊勝浦駅～志古乗船場
【熊野交通】紀伊勝浦駅～那智山
【熊野交通】新宮駅～潮岬
【熊野交通】串本駅～海中公園
【太地町営】じゅんかんバス(太地駅～平見公園)
【十津川村営】十津川温泉～瀞八丁
熊野市紀和鉱山資料館
熊野速玉大社
神倉神社
熊野那智大社
青岸渡寺
補陀洛山寺
那智の滝
熊野本宮大社
七里御浜
鬼ヶ城
獅子岩
花の窟神社
くじらの博物館
潮岬灯台
潮岬観光タワー
橋杭岩
紀伊大島
九龍島
2933m曽根トンネル
2534m逢神坂トンネル

1:80,000

0 1 2 3km

地図上の1センチは800メートル

鉄道施設
景観

車両基地（全般検査可能）
車両基地
車両製造工場
信号場・信号所
デッドセクション
急勾配
スイッチバック
ループ線
大カーブ
鉄道博物館
鉄道記念館
鉄道記念碑
車両展示
廃線跡
ロケ地

路線

新幹線
2.0km 駅間距離
JR複線
JR単線
私鉄複線
私鉄単線
貨物線
新交通・モノレール
路面電車
ケーブルカー
ロープウェイ
廃線
フェリー
旅客船

その他鉄道施設
撮影ポイント
絶景ポイント

駅・施設の付属情報

1234-5678 駅コード
ご利用案内 ⇒ 表紙裏ページ

特急停車駅 / 列車交換 / スイッチバック / ループ線 / 頭端式ホーム / 転車台 / 扇形車庫 / デッドセクション / みどりの窓口 / レンタカー / 駅弁 / 多目的トイレ / 入浴施設 / 立食そば / 駅スタンプ / 硬券入場券 / 発車音楽 / 駅ビル / 重要文化財 / 登録有形文化財 / 近代化産業遺産 / 鉄道記念物 / 近畿の駅百選

1:80,000
0 1 2 3km
地図上の1センチは800メートル

鉄道施設
景観

車両基地（全般検査可能）
車両基地
車両製造工場
信号場・信号所
デッドセクション
急勾配
スイッチバック
ループ線
大カーブ
鉄道博物館
鉄道記念館
鉄道記念碑
車両展示
廃線跡
ロケ地

福知山線
神戸電鉄有馬線
神戸電鉄公園都市線
神戸電鉄三田線

路線
新幹線
2.0km 駅間距離
JR複線
JR単線
私鉄複線
私鉄単線
貨物線
新交通・モノレール
路面電車
ケーブルカー
ロープウェイ
廃線
カ フェリ
旅客船

その他鉄道施設
撮影ポイント
絶景ポイント

駅・施設の付属情報

1234-5678 駅コード
ご利用案内 ⇨ 表紙裏ページ

特急停車駅 / 列車交換 / スイッチバック / ループ線 / 頭端式ホーム / 転車台 / 扇形車庫 / デッドセクション / みどりの窓口 / レンタカー / 駅弁 / 多目的トイレ / 入浴施設 / 立食そば / 駅スタンプ / 硬券入場券 / 発車音楽 / 駅ビル / 重要文化財 / 登録有形文化財 / 近代化産業遺産 / 鉄道記念物 / 近畿の駅百選

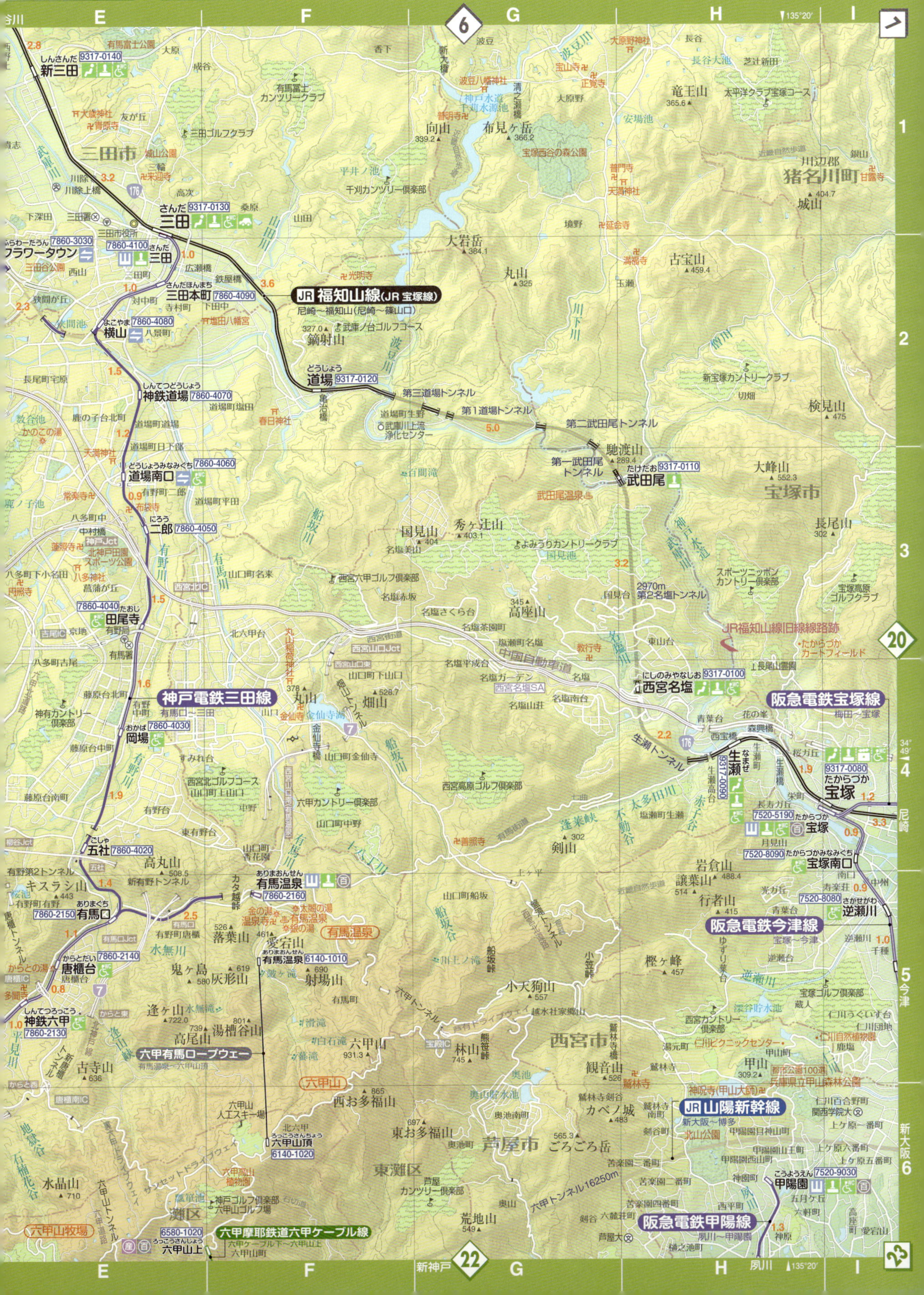

1:80,000

0 1 2 3km

地図上の1センチは800メートル

鉄道施設景観 →

車両基地（全般検査可能）
車両基地
車両製造工場
信号場・信号所
デッドセクション
急勾配
スイッチバック
ループ線
大カーブ
鉄道博物館
鉄道記念館
鉄道記念碑
車両展示
廃線跡
ロケ地

東海道新幹線
山陽新幹線
東海道本線
福知山線
阪急電鉄

路線 ↓

新幹線

2.0km 駅間距離

JR複線

JR単線

私鉄複線

私鉄単線

貨物線

新交通・モノレール

路面電車

ケーブルカー

ロープウェイ

廃線

カーフェリ

旅客船

7
19
22
23

その他鉄道施設
撮影ポイント
絶景ポイント

駅・施設の付属情報

1234-5678 駅コード
ご利用案内 ➲ 表紙裏ページ

特急停車駅 / 列車交換 / スイッチバック / ループ線 / 頭端式ホーム / 転車台 / 扇形車庫 / デッドセクション / みどりの窓口 / レンタカー / 駅弁 / 多目的トイレ / 入浴施設 / 立食そば / 駅スタンプ / 硬券入場券 / 発車音楽 / 駅ビル / 重要文化財 / 登録有形文化財 / 近代化産業遺産 / 鉄道記念物 / 近畿の駅百選

1:80,000

0 1 2 3km

地図上の1センチは800メートル

鉄道施設景観

- 車両基地（全般検査可能）
- 車両基地
- 車両製造工場
- 信号場・信号所
- デッドセクション
- 急勾配
- スイッチバック
- ループ線
- 大カーブ
- 鉄道博物館
- 鉄道記念館
- 鉄道記念碑
- 車両展示
- 廃線跡
- ロケ地

東海道新幹線

東海道本線

片町線

奈良線

近畿日本鉄道

京阪電鉄

路線

- 新幹線
- 2.0km 駅間距離
- JR複線
- JR単線
- 私鉄複線
- 私鉄単線
- 貨物線
- 新交通・モノレール
- 路面電車
- ケーブルカー
- ロープウェイ
- 廃線
- カーフェリー
- 旅客船

その他鉄道施設
撮影ポイント
絶景ポイント

駅・施設の付属情報

1234-5678 駅コード
ご利用案内 ⇨ 表紙裏ページ

特急停車駅 / 列車交換 / スイッチバック / ループ線 / 頭端式ホーム / 転車台 / 扇形車庫 / デッドセクション / みどりの窓口 / レンタカー / 駅弁 / 多目的トイレ / 入浴施設 / 立食そば / 駅スタンプ / 硬券入場券 / 発車音楽 / 駅ビル / 重要文化財 / 登録有形文化財 / 近代化産業遺産 / 鉄道記念物 / 近畿の駅百選

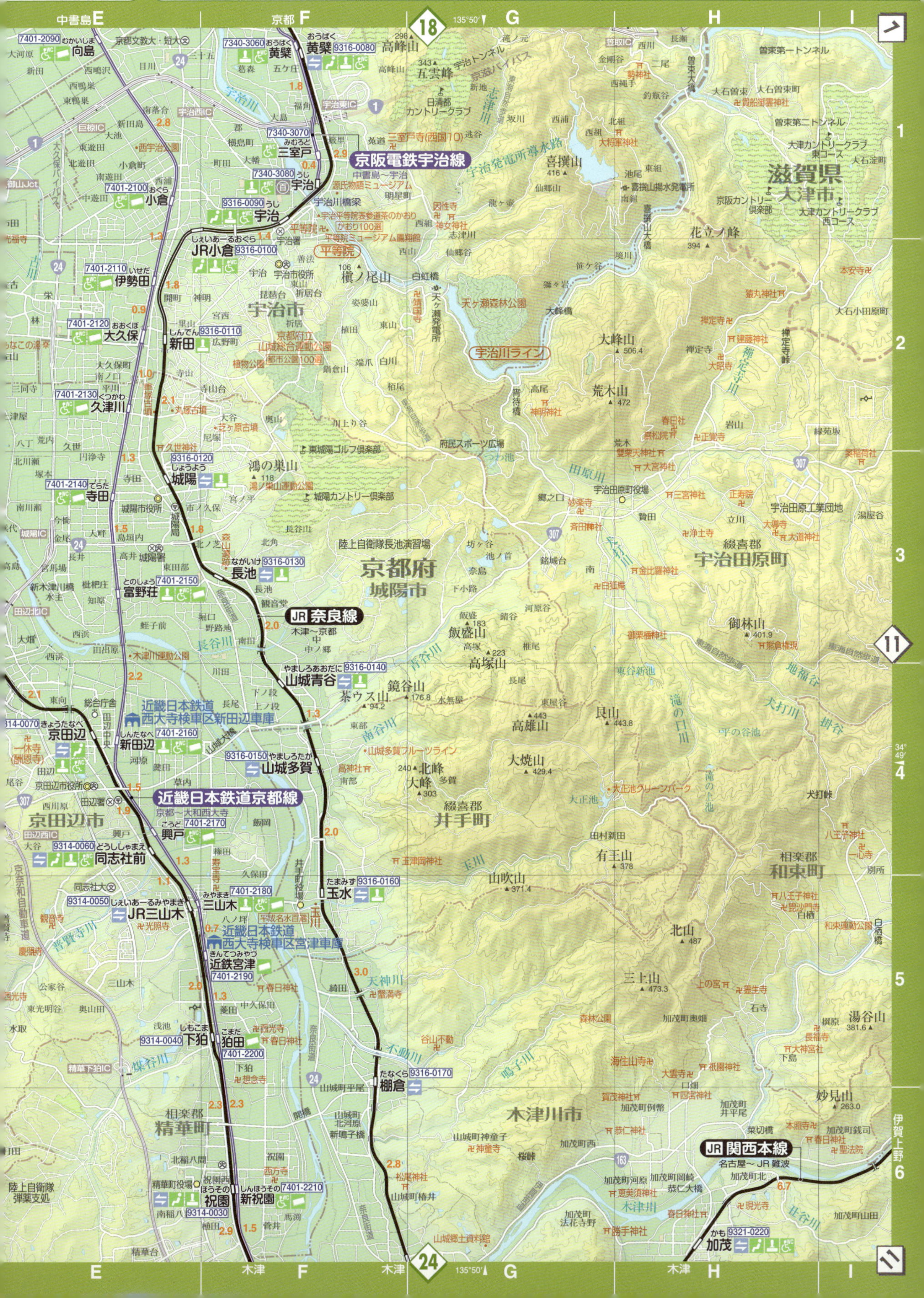

1:80,000

0 1 2 3km

地図上の1センチは800メートル

鉄道施設
景観

車両基地（全般検査可能）
車両基地
車両製造工場
信号場・信号所
デッドセクション
急勾配
スイッチバック
ループ線
大カーブ
鉄道博物館
鉄道記念館
鉄道記念碑
車両展示
廃線跡
ロケ地

山陽新幹線
東海道本線
山陽本線
阪急電鉄
阪神電鉄
神戸電鉄
山陽電鉄

路線 ↓

新幹線
2.0km 駅間距離
JR複線
JR単線
私鉄複線
私鉄単線
貨物線
新交通・モノレール
路面電車
ケーブルカー
ロープウェイ
廃線
カーフェリー
旅客船

その他鉄道施設
撮影ポイント
絶景ポイント

駅・施設の付属情報

1234-5678 駅コード
ご利用案内 表紙裏ページ

特急停車駅 列車交換 スイッチバック ループ線 頭端式ホーム 転車台 扇形車庫 デッドセクション みどりの窓口 レンタカー 駅弁 多目的トイレ 入浴施設 立食そば 駅スタンプ 硬券入場券 発車音楽 駅ビル 重要文化財 登録有形文化財 近代化産業遺産 鉄道記念物 近畿の駅百選

1:80,000

0　1　2　3km

地図上の1センチは800メートル

鉄道施設景観

車両基地（全般検査可能）　車両基地　車両製造工場　信号場・信号所　デッドセクション　急勾配　スイッチバック　ループ線　大カーブ　鉄道博物館　鉄道記念館　鉄道記念碑　車両展示　廃線跡　ロケ地

東海道新幹線　山陽新幹線　東海道本線　片町線　大阪環状線　関西本線

路線

新幹線
2.0km 駅間距離
JR複線
JR単線
私鉄複線
私鉄単線
貨物線
新交通・モノレール
路面電車
ケーブルカー
ロープウェイ
廃線
カーフェリー
旅客船

その他鉄道施設
撮影ポイント
絶景ポイント

駅・施設の付属情報

1234-5678 駅コード

ご利用案内 → 表紙裏ページ

特急停車駅 / 列車交換 / スイッチバック / ループ線 / 頭端式ホーム / 転車台 / 扇形車庫 / デッドセクション / みどりの窓口 / レンタカー / 駅弁 / 多目的トイレ / 入浴施設 / 立食そば / 駅スタンプ / 硬券入場券 / 発車音楽 / 駅ビル / 重要文化財 / 登録有形文化財 / 近代化産業遺産 / 鉄道記念物 / 近畿の駅百選

1:80,000

0 1 2 3km

地図上の1センチは800メートル

鉄道施設景観

車両基地（全般検査可能） 信号場・信号所 スイッチバック 鉄道博物館 車両展示

車両基地 デッドセクション ループ線 鉄道記念館 廃線跡

車両製造工場 急勾配 大カーブ 鉄道記念碑 ロケ地

片町線

関西本線

桜井線

近畿日本鉄道京都線

近畿日本鉄道信貴線

路線

新幹線

2.0km 駅間距離

JR複線

JR単線

私鉄複線

私鉄単線

貨物線

新交通・モノレール

路面電車

ケーブルカー

ロープウェイ

廃線

カーフェリー

旅客船

その他鉄道施設
撮影ポイント
絶景ポイント

駅・施設の付属情報

1234-5678 駅コード
ご利用案内 ⇒ 表紙裏ページ

特急停車駅 / 列車交換 / スイッチバック / ループ線 / 頭端式ホーム / 転車台 / 扇形車庫 / デッドセクション / みどりの窓口 / レンタカー / 駅弁 / 多目的トイレ / 入浴施設 / 立食そば / 駅スタンプ / 硬券入場券 / 発車音楽 / 駅ビル / 重要文化財 / 登録有形文化財 / 近代化産業遺産 / 鉄道記念物 / 近畿の駅百選

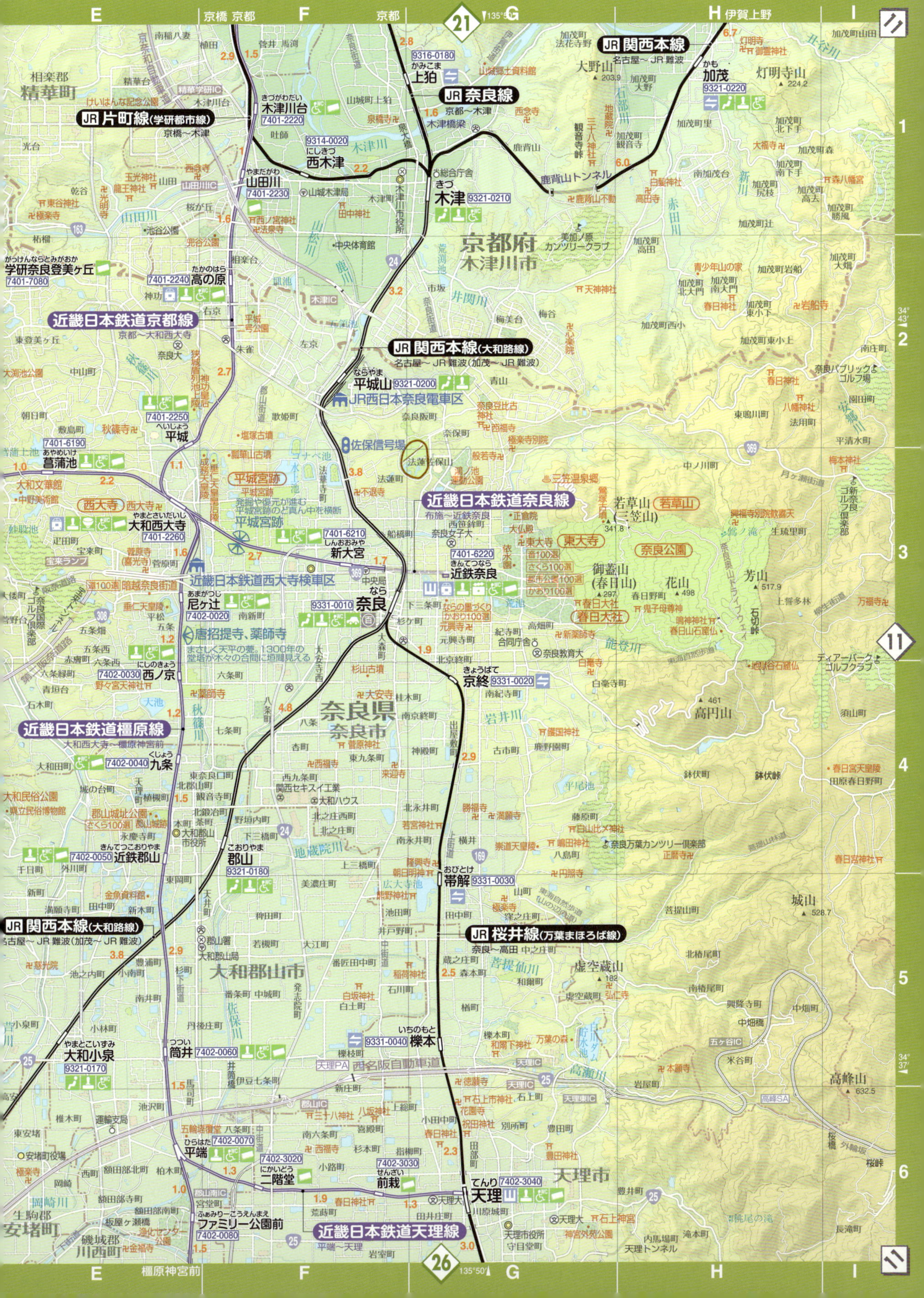

1:80,000

0 1 2 3km

地図上の1センチは800メートル

鉄道施設 景観 →

車両基地（全般検査可能）　信号場・信号所　スイッチバック　鉄道博物館　車両展示

車両基地　デッドセクション　ループ線　鉄道記念館　廃線跡

車両製造工場　急勾配　大カーブ　鉄道記念碑　ロケ地

阪和線

近畿日本鉄道

大阪府都市開発泉北高速鉄道

南海電鉄

路線 ↓

新幹線

2.0km 駅間距離

JR複線

JR単線

私鉄複線

私鉄単線

貨物線

新交通・モノレール

路面電車

ケーブルカー

ロープウェイ

廃線

カーフェリー

旅客船

その他鉄道施設
撮影ポイント
絶景ポイント

駅・施設の付属情報

1234-5678 駅コード
ご市内案内 ⇒ 表紙裏ページ

特急停車駅 列車交換 スイッチバック ループ線 頭端式ホーム 転車台 扇形車庫 デッドセクション みどりの窓口 レンタカー 駅弁 多目的トイレ 入浴施設 立食そば 駅スタンプ 硬券入場券 発車音楽 駅ビル 重要文化財 登録有形文化財 近代化産業遺産 鉄道記念物 近畿の駅百選

1:80,000

0 1 2 3km

地図上の1センチは800メートル

鉄道施設 景観

車両基地（全般検査可能） 信号場・信号所 スイッチバック 鉄道博物館 車両展示

車両基地 デッドセクション ループ線 鉄道記念館 廃線跡

車両製造工場 急勾配 大カーブ 鉄道記念碑 ロケ地

路線

新幹線

2.0km 駅間距離

JR複線

JR単線

私鉄複線

私鉄単線

貨物線

新交通・モノレール

路面電車

ケーブルカー

ロープウェイ

廃線

カーフェリー

旅客船

その他鉄道施設
撮影ポイント
絶景ポイント

駅・施設の付属情報

1234-5678 駅コード
ご利用案内 ➲ 表紙裏ページ

特急停車駅 列車交換 スイッチバック ループ線 頭端式ホーム 転車台 扇形車庫 デッドセクション みどりの窓口 レンタカー 駅弁 多目的トイレ 入浴施設 立食そば 駅スタンプ 硬券入場券 発車音楽 駅ビル 重要文化財 登録有形文化財 近代化産業遺産 鉄道記念物 近畿の駅百選

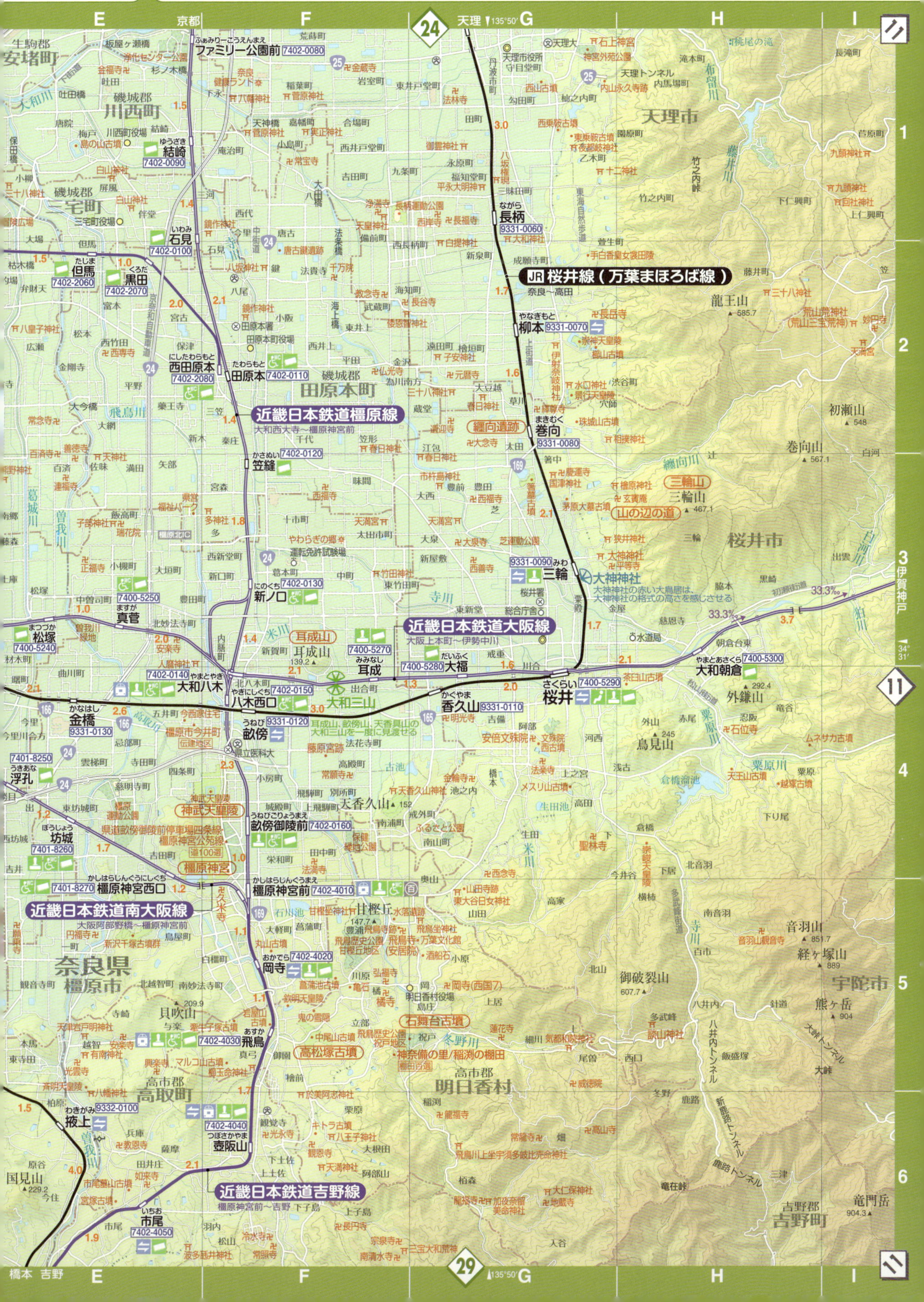

1:90,000
0 1 2 3km
地図上の1センチは900メートル

鉄道施設景観
- 車両基地（全般検査可能）
- 車両基地
- 車両製造工場
- 信号場・信号所
- デッドセクション
- 急勾配
- スイッチバック
- ループ線
- 大カーブ
- 鉄道博物館
- 鉄道記念館
- 鉄道記念碑
- 車両展示
- 廃線跡
- ロケ地

山陽新幹線
山陽本線
加古川線
神戸電鉄粟生線
山陽電鉄本線

路線
- 新幹線
- 2.0km 駅間距離
- JR複線
- JR単線
- 私鉄複線
- 私鉄単線
- 貨物線
- 新交通・モノレール
- 路面電車
- ケーブルカー
- ロープウェイ
- 廃線
- カーフェリー
- 旅客船

その他鉄道施設
撮影ポイント
絶景ポイント

駅・施設の付属情報
1234-5678 駅コード
ご利用案内 ➔ 表紙裏ページ

特急停車駅 / 列車交換 / スイッチバック / ループ線 / 頭端式ホーム / 転車台 / 扇形車庫 / デッドセクション / みどりの窓口 / レンタカー / 駅弁 / 多目的トイレ / 入浴施設 / 立食そば / 駅スタンプ / 硬券入場券 / 発車音楽 / 駅ビル / 重要文化財 / 登録有形文化財 / 近代化産業遺産 / 鉄道記念物 / 近畿の駅百選

1:120,000

0 1 2 3 4 5km

地図上の1センチは1.2キロメートル

鉄道施設
景観

車両基地(全般検査可能)
車両基地
車両製造工場
信号場・信号所
デッドセクション
急勾配
スイッチバック
ループ線
大カーブ
鉄道博物館
鉄道記念館
鉄道記念碑
車両展示
廃線跡
ロケ地

路線

新幹線
2.0km 駅間距離
JR複線
JR単線
私鉄複線
私鉄単線
貨物線
新交通・モノレール
路面電車
ケーブルカー
ロープウェイ
廃線
カーフェリー
旅客船

その他鉄道施設
撮影ポイント
絶景ポイント

駅・施設の付属情報

1234-5678 駅コード
ご利用案内 ➡ 表紙裏ページ

特急停車駅 / 列車交換 / スイッチバック / ループ線 / 頭端式ホーム / 転車台 / 扇形車庫 / デッドセクション / みどりの窓口 / レンタカー / 駅弁 / 多目的トイレ / 入浴施設 / 立食そば / 駅スタンプ / 硬券入場券 / 発車音楽 / 駅ビル / 重要文化財 / 登録有形文化財 / 近代化産業遺産 / 鉄道記念物 / 近畿の駅百選

1:120,000
0 1 2 3 4 5km
地図上の1センチは1.2キロメートル

鉄道施設
景観

車両基地（全般検査可能）
車両基地
車両製造工場
信号場・信号所
デッドセクション
急勾配
スイッチバック
ループ線
大カーブ
鉄道博物館
鉄道記念館
鉄道記念碑
車両展示
廃線跡
ロケ地

和歌山線
南海電鉄高野線
近畿日本鉄道吉野線

路線

新幹線
2.0km 駅間距離
JR複線
JR単線
私鉄複線
私鉄単線
貨物線
新交通・モノレール
路面電車
ケーブルカー
ロープウェイ
廃線
カーフェリー
旅客船

その他鉄道施設
撮影ポイント
絶景ポイント

駅・施設の付属情報

1234-5678 駅コード
ご利用案内 ⇒ 表紙裏ページ

特急停車駅 / 列車交換 / スイッチバック / ループ線 / 頭端式ホーム / 転車台 / 扇形車庫 / デッドセクション / みどりの窓口 / レンタカー / 駅弁 / 多目的トイレ / 入浴施設 / 立食そば / 駅スタンプ / 硬券入場券 / 発車音楽 / 駅ビル / 重要文化財 / 登録有形文化財 / 近代化産業遺産 / 鉄道記念物 / 近畿の駅百選

1:40,000

0 0.5 1 1.5km

地図上の1センチは400メートル

鉄道施設景観

車両基地（全般検査可能） / 車両基地 / 車両製造工場 / 信号場・信号所 / デッドセクション / 急勾配 / スイッチバック / ループ線 / 大カーブ / 鉄道博物館 / 鉄道記念館 / 鉄道記念碑 / 車両展示 / 廃線跡 / ロケ地

東海道新幹線

山陽新幹線

東海道本線

片町線

大阪環状線

桜島線

路線

新幹線

2.0km 駅間距離

JR複線

JR単線

私鉄複線

私鉄単線

貨物線

新交通・モノレール

路面電車

ケーブルカー

ロープウェイ

廃線

カーフェリー

旅客船

その他鉄道施設
撮影ポイント
絶景ポイント

駅・施設の付属情報

1234-5678 駅コード
ご利用案内 ➡ 表紙裏ページ

特急停車駅 / 列車交換 / スイッチバック / ループ線 / 頭端式ホーム / 転車台 / 扇形車庫 / デッドセクション / みどりの窓口 / レンタカー / 駅弁 / 多目的トイレ / 入浴施設 / 立食そば / 駅スタンプ / 硬券入場券 / 発車音楽 / 駅ビル / 重要文化財 / 登録有形文化財 / 近代化産業遺産 / 鉄道記念物 / 近畿の駅百選

1:40,000

0　0.5　1　1.5km

地図上の1センチは400メートル

鉄道施設景観

車両基地（全般検査可能）　車両基地　車両製造工場　信号場・信号所　デッドセクション　急勾配　スイッチバック　ループ線　大カーブ　鉄道博物館　鉄道記念館　鉄道記念碑　車両展示　廃線跡　ロケ地

大阪環状線

関西本線

阪和線

近畿日本鉄道

南海電鉄

路線

新幹線　2.0km 駅間距離　JR複線　JR単線　私鉄複線　私鉄単線　貨物線　新交通・モノレール　路面電車　ケーブルカー　ロープウェイ　廃線　カーフェリー　旅客船

その他鉄道施設
撮影ポイント
絶景ポイント

駅・施設の付属情報

1234-5678 駅コード
ご利用案内 ⇒ 表紙裏ページ

特急停車駅 / 列車交換 / スイッチバック / ループ線 / 頭端式ホーム / 転車台 / 扇形車庫 / デッドセクション / みどりの窓口 / レンタカー / 駅弁 / 多目的トイレ / 入浴施設 / 立食そば / 駅スタンプ / 硬券入場券 / 発車音楽 / 駅ビル / 重要文化財 / 登録有形文化財 / 近代化産業遺産 / 鉄道記念物 / 近畿の駅百選

主要路線別クイック索引

本巻の地図中に収録されている鉄道路線のインデックスです。
各線の電気方式も一目でわかる便利機能付き!

◆図の見かた

- Ⓐ…鉄道会社（事業者）
- Ⓑ…路線名
- Ⓒ…路線情報
- Ⓓ…電気方式
- Ⓔ…駅名
  ※主要駅、乗換駅、図郭最端駅を掲載
- Ⓕ…乗換線名
  （■JR路線　■民営鉄道線）
- Ⓖ…地図番号と図郭範囲
  ※この場合、西明石～姫路が地図番号27の地図に掲載される

■交流50Hz　■交流60Hz　■非電化
■直流1500V　■直流750V　■デッドセクション ※詳しくはP.3参照
■直流600V　■その他

Ⓐ ◆JR西日本
Ⓑ 山陽新幹線
[さんようしんかんせん]
Ⓒ 区間・距離●新大阪～博多 622.3km
軌間●1435mm
電気方式●交流60Hz
全通●1975年

（例）Ⓖ 22・27　Ⓓ
- 新神戸 ■北神急行 ■地下鉄西神・山手線 Ⓕ
- 西明石 ■山陽本線 Ⓔ
- 姫路 ■山陽本線 ■播但線 ■姫新線 ■山陽電鉄本線

◆JR東海

東海道新幹線
[とうかいどうしんかんせん]

区間・距離●東京～新大阪 552.6km
軌間●1435mm
電気方式●交流60Hz
全通●1964年

地図番号 8・15・18・30

- 名古屋 ■東海道本線 ■中央本線 ■関西本線 ■名鉄名古屋線本線 ■近鉄名古屋線 ■名古屋臨海高速鉄道 ■地下鉄東山線 ■地下鉄桜通線
- 岐阜羽島 ■名鉄羽島線
- 米原 ■東海道本線 ■北陸本線 ■近江鉄道本線
- 京都 ■東海道本線 ■山陰本線 ■湖西線 ■奈良線 ■近鉄京都線 ■地下鉄烏丸線
- 新大阪 ■東海道本線 ■地下鉄御堂筋線

◆JR西日本

山陽新幹線
[さんようしんかんせん]

区間・距離●新大阪～博多 622.3km
軌間●1435mm
電気方式●交流60Hz
全通●1975年

地図番号 30・22・27・9

- 新大阪 ■東海道本線 ■地下鉄御堂筋線
- 新神戸 ■北神急行 ■地下鉄西神・山手線
- 西明石 ■山陽本線
- 姫路 ■山陽本線 ■播但線 ■姫新線 ■山陽電鉄本線
- 相生 ■山陽本線 ■赤穂線
- 岡山 ■山陽本線 ■宇野線 ■津山線 ■吉備線 ■本四備讃線 ■伯備線 ■赤穂線 ■岡山電軌東山本線
- 新倉敷 ■山陽本線

◆JR東海・JR西日本

東海道本線
[とうかいどうほんせん]

愛称●琵琶湖線（びわこせん）（米原～京都）／京都線（きょうとせん）（京都～大阪）／神戸線（こうべせん）（大阪～神戸）
区間・距離●東京～神戸 589.5km
軌間●1067mm
電気方式●直流1500V
全通●1889年

地図番号 8・4

- 野田新町
- 刈谷 ■名鉄三河線
- 大府 ■武豊線
- 金山 ■中央本線 ■名鉄名古屋本線 ■地下鉄名城線 ■地下鉄名港線
- 名古屋 ■東海道新幹線 ■中央本線 ■関西本線 ■名鉄名古屋本線 ■近鉄名古屋線 ■名古屋臨海高速鉄道 ■地下鉄東山線 ■地下鉄桜通線
- 枇杷島 ■東海交通城北線
- 尾張一宮 ■名鉄名古屋本線 ■名鉄尾西線
- 木曽川

地図番号 4・15・7・15・7・18

- 岐阜 ■高山本線 ■名鉄名古屋本線 ■名鉄各務原線
- 大垣 ■東海道本線 ■樽見鉄道 ■養老鉄道
- 柏原
- 醒ケ井
- 米原 ■東海道新幹線 ■東海道本線 ■北陸本線 ■近江鉄道本線
- 彦根 ■近江鉄道本線
- 河瀬
- 稲枝
- 能登川
- 安土
- 近江八幡 ■近江鉄道八日市線
- 篠原
- 草津 ■草津線
- 瀬田
- 石山 ■京阪石山坂本線
- 膳所 ■京阪石山坂本線
- 山科 ■湖西線 ■京阪京津線 ■地下鉄東西線
- 京都 ■東海道新幹線 ■山陰本線 ■奈良線 ■湖西線 ■近鉄京都線 ■地下鉄烏丸線
- 長岡京

地図番号 21・20・30・23・22

- 山崎
- 高槻
- 摂津富田
- 吹田 ■阪急千里線
- 東淀川
- 新大阪 ■山陽新幹線 ■東海道新幹線 ■地下鉄御堂筋線
- 大阪 ■大阪環状線 ■福知山線 ■東西線 ■阪急京都線 ■阪急神戸線 ■阪急宝塚線 ■阪神本線 ■地下鉄御堂筋線 ■地下鉄谷町線 ■地下鉄四つ橋線
- 尼崎 ■東西線 ■福知山線
- 立花
- 西宮
- 芦屋
- 住吉 ■六甲ライナー
- 三ノ宮 ■阪急神戸線 ■神戸高速東西線 ■阪神本線 ■ポートライナー ■地下鉄西神・山手線 ■地下鉄海岸線
- 神戸 ■神戸高速東西線 ■地下鉄海岸線

◆JR西日本

山陽本線
[さんようほんせん]

愛称●JR神戸線(こうべせん)(神戸～姫路)
区間・距離●神戸～門司 534.4km／兵庫～和田岬 2.7km
軌間●1067mm
電気方式●直流1500V
全通●1942年

22 27

- 神戸 ■神戸高速東西線 ■地下鉄海岸線
- 兵庫 ■和田岬線
- 新長田 ■地下鉄西神・山手線 ■地下鉄海岸線
- 須磨 ■山陽電鉄本線
- 塩屋
- 垂水 ■山陽電鉄本線
- 舞子 ■山陽電鉄本線

10 9 27 27

- 明石 ■山陽電鉄本線
- 西明石 ■山陽新幹線
- 加古川 ■加古川線
- 曽根
- 御着
- 姫路 ■山陽新幹線 ■播但線 ■姫新線 ■山陽電鉄本線
- 英賀保
- 網干
- 竜野

9

- 相生 ■山陽新幹線 ■赤穂線
- 上郡 ■智頭急行
- 東岡山 ■赤穂線
- 岡山 ■山陽新幹線 ■津山線 ■宇野線 ■吉備線 ■本四備讃線 ■伯備線 ■赤穂線 ■岡山電軌東山本線
- 倉敷 ■伯備線 ■水島臨海鉄道
- 新倉敷 ■山陽新幹線

◆JR西日本

山陰本線
[さんいんほんせん]

愛称●嵯峨野線(さがのせん)(京都～園部)
区間・距離●京都～幡生 673.8km／長門市～仙崎2.2km
軌間●1067mm
電気方式●直流1500V(京都～城崎温泉／伯耆大山～西出雲)／非電化(城崎温泉～伯耆大山／西出雲～幡生／長門市～仙崎)
全通●1933年

18 7

- 京都 ■東海道新幹線 ■東海道本線 ■湖西線 ■奈良線 ■近鉄京都線 ■地下鉄烏丸線
- 二条 ■地下鉄東西線
- 嵯峨嵐山 ■嵯峨野観光線
- 保津峡 ■嵯峨野観光線
- 馬堀 ■嵯峨野観光線
- 亀岡
- 園部
- 船岡

7 2 1

- 立木
- 山家
- 綾部 ■舞鶴線
- 福知山 ■福知山線 ■舞鶴線 ■北近畿タンゴ鉄道宮福線
- 和田山 ■播但線
- 豊岡 ■北近畿タンゴ鉄道宮津線
- 城崎温泉
- 餘部
- 久谷
- 鳥取 ■因美線
- 倉吉
- 赤碕

◆JR東海・JR西日本

関西本線
[かんさいほんせん]

愛称●JR大和路線(じぇいあーるやまとじせん)(加茂～JR難波)
区間・距離●JR難波～名古屋 174.9km
軌間●1067mm
電気方式●直流1500V(名古屋～亀山／加茂～JR難波)／非電化(亀山～加茂)
全通●1899年

8 12

- 名古屋 ■東海道新幹線 ■東海道本線 ■中央本線 ■名鉄名古屋本線 ■近鉄名古屋線 ■名古屋臨海高速鉄道 ■地下鉄東山線 ■地下鉄桜通線
- 八田 ■地下鉄東山線
- 弥富 ■名鉄尾西線
- 長島
- 桑名 ■近鉄名古屋線 ■三岐鉄道北勢線 ■養老鉄道
- 富田 ■近鉄名古屋線
- 四日市 ■近鉄名古屋線 ■近鉄内部線 ■近鉄湯の山線
- 河原田 ■伊勢鉄道
- 河曲
- 井田川
- 亀山 ■紀勢本線
- 関
- 柘植 ■草津線

12 24 23 11 26 31

- 佐那具
- 伊賀上野 ■伊賀鉄道
- 月ケ瀬口
- 大河原
- 笠置
- 加茂
- 木津 ■奈良線 ■片町線
- 奈良 ■奈良線 ■桜井線
- 王寺 ■和歌山線 ■近鉄田原本線 ■近鉄生駒線
- 柏原 ■近鉄道明寺線
- 志紀
- 久宝寺 ■おおさか東線
- 加美
- 天王寺 ■大阪環状線 ■阪和線 ■近鉄南大阪線 ■地下鉄御堂筋線 ■地下鉄谷町線 ■阪堺電軌上町線
- 新今宮 ■大阪環状線 ■南海本線 ■南海高野線 ■阪堺電軌阪堺線
- 今宮 ■大阪環状線
- JR難波 ■南海本線 ■南海高野線 ■近鉄難波線 ■阪神なんば線 ■地下鉄御堂筋線 ■地下鉄四つ橋線 ■地下鉄千日前線

◆JR西日本

紀勢本線
[きせいほんせん]

愛称●きのくに線(きのくにせん)(新宮～和歌山)
区間・距離●亀山～和歌山市 384.2km
軌間●1067mm
電気方式●直流1500V（新宮～和歌山市）／非電化(亀山～新宮)
全通●1959年

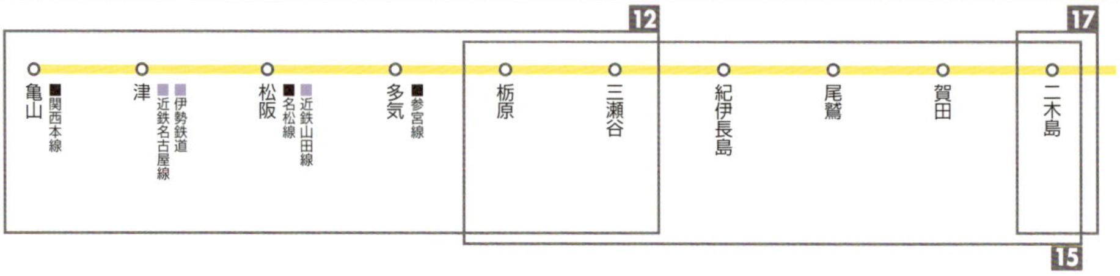

12
17
15
亀山 ■関西本線
津 ■伊勢鉄道 ■近鉄名古屋線
松阪 ■名松線 ■近鉄山田線
多気 ■参宮線
栃原
三瀬谷
紀伊長島
尾鷲
賀田
二木島

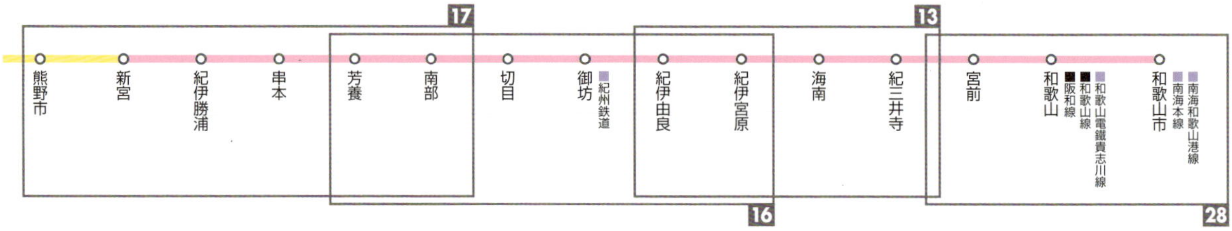

17
13
16
28
熊野市
新宮
紀伊勝浦
串本
芳養
南部
切目
御坊 ■紀州鉄道
紀伊由良
紀伊宮原
海南
紀三井寺
宮前
和歌山 ■阪和線 ■和歌山線 ■和歌山電鐵貴志川線
和歌山市 ■南海本線 ■南海和歌山港線

◆JR西日本

北陸本線
[ほくりくほんせん]

区間・距離●直江津～米原 353.8km
軌間●1067mm
電気方式●直流1500V（米原～敦賀／糸魚川～直江津）／交流60Hz（敦賀～糸魚川）
全通●1913年

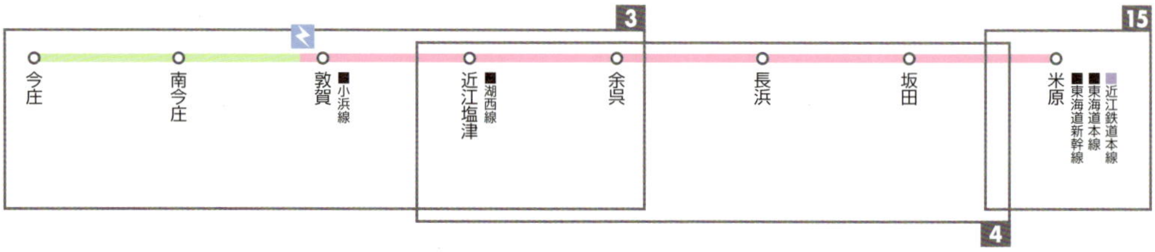

3
15
4
今庄
南今庄
敦賀 ■小浜線
近江塩津 ■湖西線
余呉
長浜
坂田
米原 ■東海道新幹線 ■東海道本線 ■近江鉄道本線

◆JR西日本

大阪環状線
[おおさかかんじょうせん]

区間・距離●天王寺～新今宮 20.7km（一周21.7km）
軌間●1067mm
電気方式●直流1500V
全通●1961年

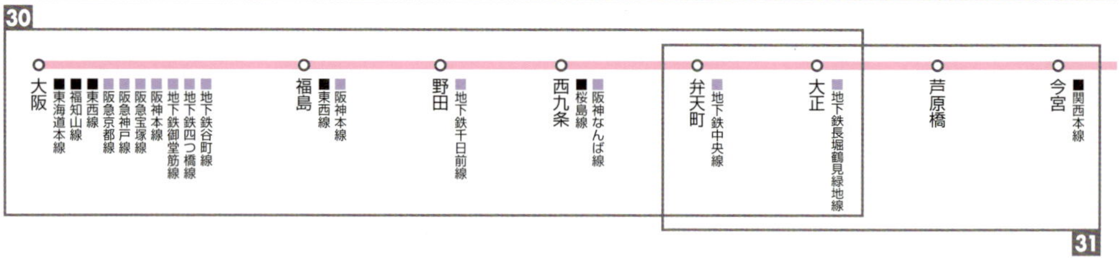

30
31
大阪 ■東海道本線 ■福知山線 ■東西線 ■阪急京都線 ■阪急神戸線 ■阪急宝塚線 ■阪神本線 ■地下鉄御堂筋線 ■地下鉄四つ橋線 ■地下鉄谷町線
福島 ■東西線 ■阪神本線
野田 ■地下鉄千日前線
西九条 ■桜島線 ■阪神なんば線
弁天町 ■地下鉄中央線
大正 ■地下鉄長堀鶴見緑地線
芦原橋
今宮 ■関西本線

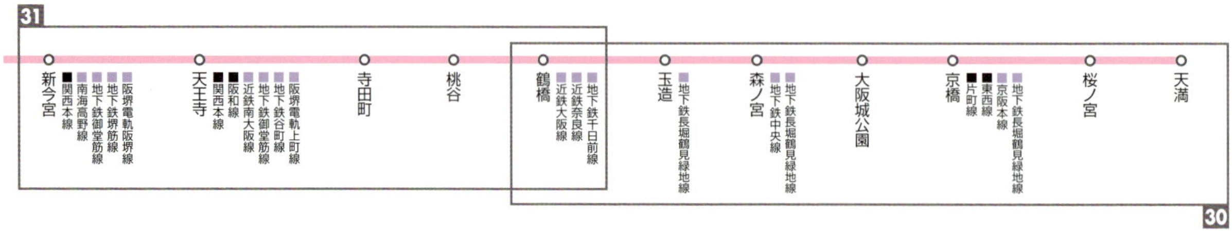

31
30
新今宮 ■関西本線 ■南海高野線 ■地下鉄御堂筋線 ■地下鉄堺筋線 ■阪堺電軌阪堺線
天王寺 ■関西本線 ■阪和線 ■近鉄南大阪線 ■地下鉄御堂筋線 ■地下鉄谷町線 ■阪堺電軌上町線
寺田町
桃谷
鶴橋 ■近鉄大阪線 ■近鉄奈良線 ■地下鉄千日前線
玉造 ■地下鉄長堀鶴見緑地線
森ノ宮 ■地下鉄中央線 ■地下鉄長堀鶴見緑地線
大阪城公園
京橋 ■片町線 ■東西線 ■京阪本線 ■地下鉄長堀鶴見緑地線
桜ノ宮
天満

◆JR西日本

阪和線
[はんわせん]

区間・距離●天王寺～和歌山 61.3km
区間・距離●鳳～東羽衣 1.7km
軌間●1067mm
電気方式●直流1500V
全通●1930年

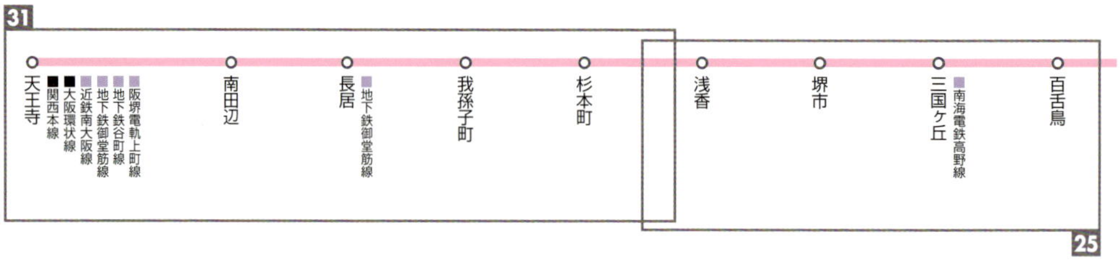

31
25
天王寺 ■関西本線 ■大阪環状線 ■近鉄南大阪線 ■地下鉄御堂筋線 ■地下鉄谷町線 ■阪堺電軌上町線
南田辺
長居 ■地下鉄御堂筋線
我孫子町
杉本町
浅香
堺市
三国ケ丘 ■南海高野線
百舌鳥

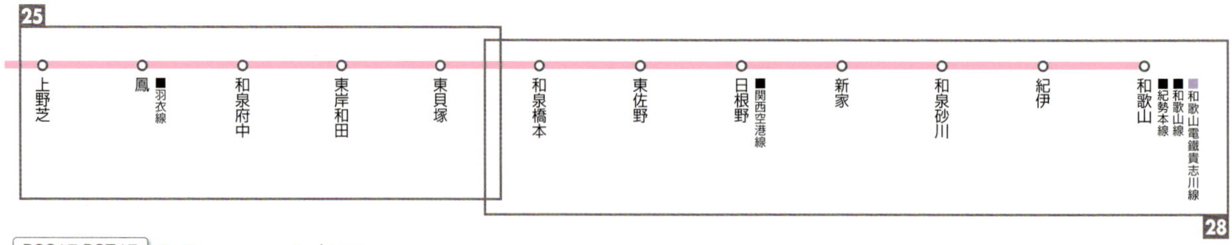

25
28
上野芝
鳳 ■羽衣線
和泉府中
東岸和田
東貝塚
和泉橋本
東佐野
日根野 ■関西空港線
新家
和泉砂川
紀伊
和歌山 ■紀勢本線 ■和歌山線 ■和歌山電鐵貴志川線

◆JR西日本

片町線
［かたまちせん］

愛称●学研都市線（がっけんとしせん）
区間・距離●木津～京橋 55.4km
軌間●1067mm
電気方式●直流1500V
全通●1898年

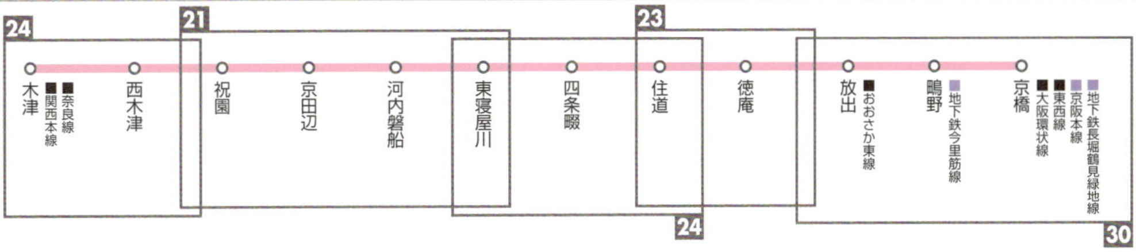
24
21
23
木津 ■関西本線 ■奈良線
西木津
祝園
京田辺
河内磐船
東寝屋川
四条畷
住道
徳庵
放出 ■おおさか東線
鴫野 ■地下鉄今里筋線
京橋 ■大阪環状線 ■東西線 ■京阪本線 ■地下鉄長堀鶴見緑地線
24
30

◆JR西日本

福知山線
［ふくちやません］

愛称●JR宝塚線（じぇいあーるたからづかせん）（大阪～篠山口）
区間・距離●尼崎～福知山 106.5km
軌間●1067mm
電気方式●直流1500V
全通●1904年

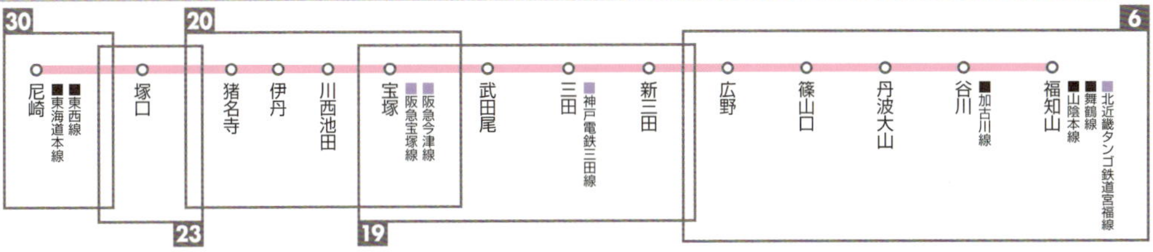
30
20
6
尼崎 ■東海道本線 ■東西線
塚口
猪名寺
伊丹
川西池田
宝塚 ■阪急宝塚線 ■阪急今津線
武田尾
三田 ■神戸電鉄三田線
新三田
広野
篠山口
丹波大山
谷川 ■加古川線
福知山 ■山陰本線 ■舞鶴線 ■北近畿タンゴ鉄道宮福線
23
19

◆JR西日本

湖西線
［こせいせん］

区間・距離●近江塩津～山科 74.1km
軌間●1067mm
電気方式●直流1500V
全通●1974年

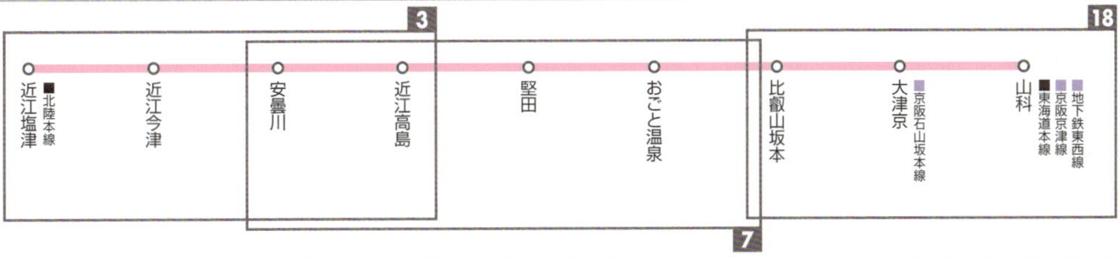
3
18
近江塩津 ■北陸本線
近江今津
安曇川
近江高島
堅田
おごと温泉
比叡山坂本
大津京 ■京阪石山坂本線
山科 ■東海道本線 ■京阪京津線 ■地下鉄東西線
7

◆JR西日本

奈良線
［ならせん］

区間・距離●木津～京都 34.7km
軌間●1067mm
電気方式●直流1500V
全通●1896年

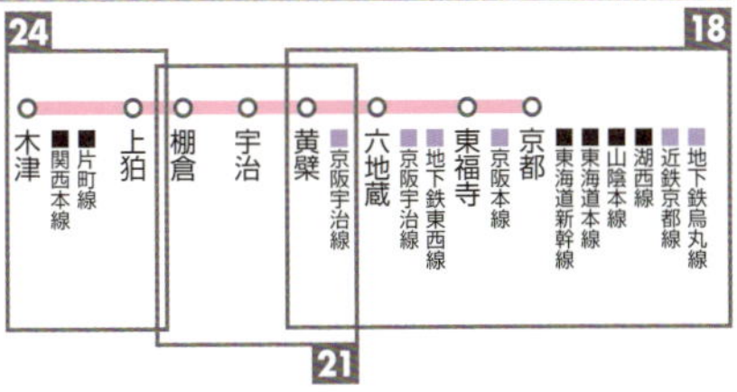
24
18
木津 ■関西本線 ■片町線
上狛
棚倉
宇治
黄檗 ■京阪宇治線
六地蔵 ■京阪宇治線 ■地下鉄東西線
東福寺 ■京阪本線
京都 ■東海道新幹線 ■東海道本線 ■山陰本線 ■湖西線 ■近鉄京都線 ■地下鉄烏丸線
21

◆JR西日本

桜井線
［さくらいせん］

愛称●万葉まほろば線（まんようまほろばせん）
区間・距離●奈良～高田 29.4km
軌間●1067mm
電気方式●直流1500V
全通●1899年

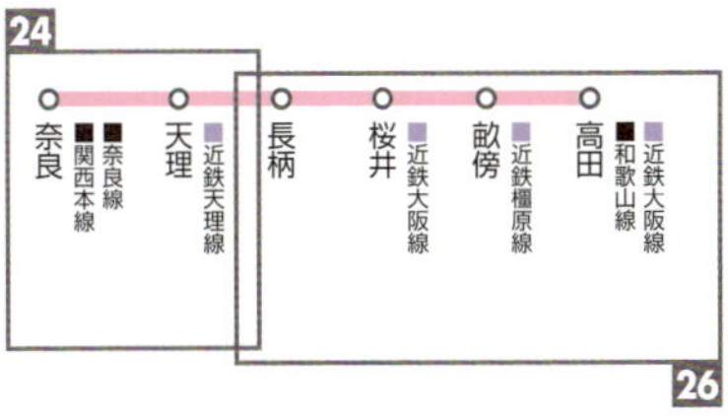
24
奈良 ■関西本線 ■奈良線
天理 ■近鉄天理線
長柄
桜井 ■近鉄大阪線
畝傍 ■近鉄橿原線
高田 ■和歌山線 ■近鉄大阪線
26

◆JR西日本

和歌山線
［わかやません］

区間・距離●王寺～和歌山 87.5km
軌間●1067mm
電気方式●直流1500V
全通●1900年

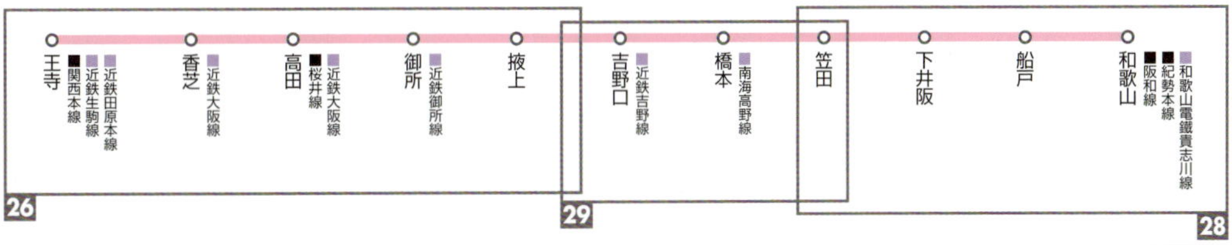
王寺 ■関西本線 ■近鉄生駒線 ■近鉄田原本線
香芝 ■近鉄大阪線
高田 ■桜井線 ■近鉄大阪線
御所 ■近鉄御所線
掖上
吉野口 ■近鉄吉野線
橋本 ■南海高野線
笠田
下井阪
船戸
和歌山 ■阪和線 ■紀勢本線 ■和歌山電鐵貴志川線
26
29
28

◆JR西日本

加古川線
［かこがわせん］

区間・距離●加古川～谷川 48.5km
軌間●1067mm
電気方式●直流1500V
全通●1924年

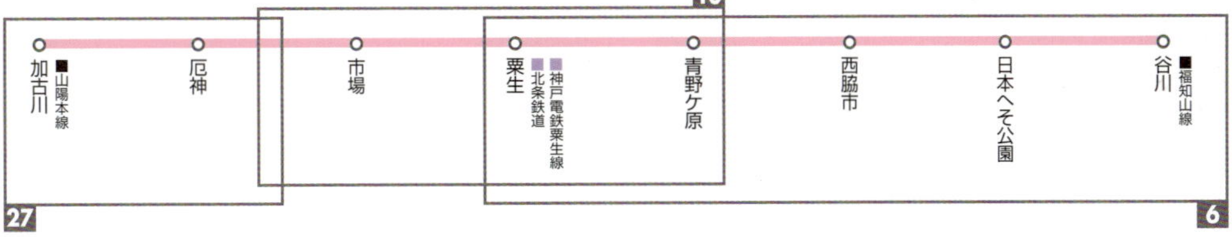
10
加古川 ■山陽本線
厄神
市場
粟生 ■北条鉄道 ■神戸電鉄粟生線
青野ケ原
西脇市
日本へそ公園
谷川 ■福知山線
27
6

◆JR西日本

播但線
［ばんたんせん］

区間・距離●和田山～姫路 65.7km
軌間●1067mm
電気方式●直流1500V（寺前～姫路）／非電化（和田山～寺前）
全通●1906年

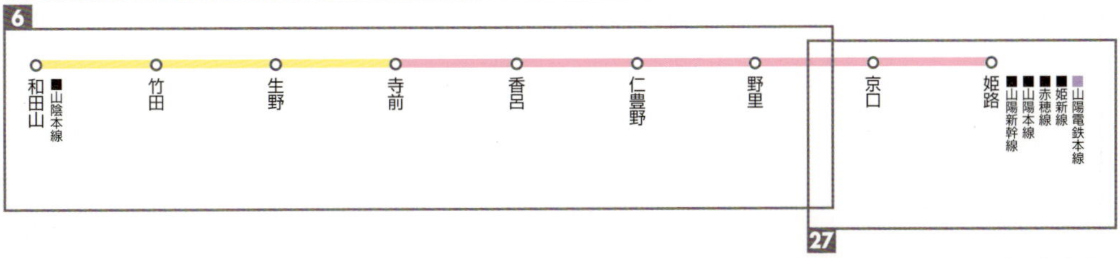
6
和田山 ■山陰本線
竹田
生野
寺前
香呂
仁豊野
野里
京口
姫路 ■山陽新幹線 ■山陽本線 ■赤穂線 ■姫新線 ■山陽電鉄本線
27

◆阪急電気鉄道(はんきゅうでんきてつどう)

京都線
[きょうとせん]

区間・距離●十三〜河原町 45.3km
軌間●1435mm
電気方式●直流1500V
全通●1963年

駅	接続路線
(梅田)	■東海道本線 ■大阪環状線 ■福知山線 ■東西線 ■阪急神戸線 ■阪急宝塚線 ■阪神本線 ■地下鉄御堂筋線 ■地下鉄谷町線 ■地下鉄四つ橋線
十三	■阪急宝塚線 ■阪急神戸線
相川	
南方	■地下鉄御堂筋線
淡路	■阪急千里線
正雀	
南茨木	■大阪モノレール
富田	
高槻市	
水無瀬	
大山崎	■東海道本線
長岡天神	
東向日	
洛西口	
桂	■阪急嵐山線
西院	■京福嵐山本線
大宮	■京福嵐山本線
烏丸	■地下鉄烏丸線
河原町	

30 20 21 20 18

◆阪急電気鉄道(はんきゅうでんきてつどう)

神戸線
[こうべせん]

区間・距離●梅田〜三宮 32.3km
軌間●1435mm
電気方式●直流1500V
全通●1936年

駅	接続路線
梅田	■東海道本線 ■大阪環状線 ■福知山線 ■東西線 ■阪急京都線 ■阪急宝塚線 ■阪神本線 ■地下鉄御堂筋線 ■地下鉄谷町線 ■地下鉄四つ橋線
中津	
十三	■阪急宝塚線 ■阪急京都線
神崎川	
園田	
塚口	■阪急伊丹線
武庫之荘	
西宮北口	■阪急今津線
夙川	■阪急甲陽線
芦屋川	
岡本	■東海道本線
御影	
六甲	
王子公園	
春日野道	
三宮	■東海道本線 ■阪神電鉄本線 ■神戸高速東西線 ■地下鉄西神・山手線 ■地下鉄海岸線 ■ポートライナー

30 23 22 23

◆阪急電気鉄道(はんきゅうでんきてつどう)

宝塚線
[たからづかせん]

区間・距離●梅田〜宝塚 24.5km
軌間●1435mm
電気方式●直流1500V
全通●1910年

駅	接続路線
梅田	■東海道本線 ■大阪環状線 ■福知山線 ■東西線 ■阪急京都線 ■阪急神戸線 ■阪神本線 ■地下鉄御堂筋線 ■地下鉄谷町線 ■地下鉄四つ橋線
中津	
十三	■阪急京都線 ■阪急神戸線
三国	
庄内	
服部	
豊中	
蛍池	■大阪モノレール
石橋	■阪急箕面線
池田	
川西能勢口	■能勢電鉄妙見線
雲雀丘花屋敷	
宝塚	■福知山線 ■阪急今津線

30 20 23

◆阪神電気鉄道(はんしんでんきてつどう)

阪神本線
[はんしんほんせん]

区間・距離●元町〜梅田 32.1km
軌間●1435mm
電気方式●直流1500V
全通●1936年

駅	接続路線
元町	■東海道本線 ■神戸高速東西線
三宮	■東海道本線 ■阪急神戸線 ■神戸高速東西線 ■地下鉄西神・山手線 ■地下鉄海岸線 ■ポートライナー
西灘	
石屋川	
御影	
住吉	
魚崎	■六甲ライナー
芦屋	
西宮	
今津	■阪急今津線
甲子園	
武庫川	■阪神武庫川線
出屋敷	
尼崎	■阪神なんば線
大物	■阪神なんば線
杭瀬	
野田	■東西線 ■地下鉄千日前線
福島	■大阪環状線 ■東西線
梅田	■東海道本線 ■大阪環状線 ■福知山線 ■東西線 ■阪急京都線 ■阪急神戸線 ■阪急宝塚線 ■地下鉄御堂筋線 ■地下鉄谷町線 ■地下鉄四つ橋線

22 23 22 30

◆京阪電気鉄道（けいはんでんきてつどう）

京阪本線
［けいはんほんせん］

区間・距離淀屋橋～三条 49.3km
軌間1435mm
電気方式直流1500V
全通1963年

30 / 23 / 21 / 18

- 淀屋橋　地下鉄御堂筋線
- 北浜　地下鉄堺筋線
- 天満橋　地下鉄谷町線　京阪中之島線
- 京橋　大阪環状線　東西線　片町線　地下鉄長堀鶴見緑地線
- 関目　地下鉄今里筋線
- 守口市　地下鉄谷町線
- 西三荘
- 門真市　大阪モノレール
- 萱島
- 寝屋川市
- 枚方市　京阪交野線
- 牧野
- 八幡市　京阪男山ケーブル
- 淀
- 中書島　京阪宇治線

18

- 伏見桃山
- 丹波橋　近鉄京都線
- 伏見稲荷
- 東福寺　奈良線
- 七条
- 祇園四条
- 三条　京阪鴨東線　地下鉄東西線

◆京阪電気鉄道（けいはんでんきてつどう）

鴨東線
［おうとうせん］

区間・距離三条～出町柳 2.3km
軌間1435mm
電気方式直流1500V
全通1989年

18

- 三条　京阪本線　地下鉄東西線
- 出町柳　叡山電鉄本線

◆京阪電気鉄道（けいはんでんきてつどう）

宇治線
［うじせん］

区間・距離中書島～宇治 7.6km
軌間1435mm
電気方式直流1500V
全通1913年

18 / 21

- 中書島　京阪本線
- 観月橋
- 桃山南口
- 六地蔵　奈良線　地下鉄東西線
- 木幡
- 黄檗　奈良線
- 三室戸
- 宇治

◆南海電気鉄道（なんかいでんきてつどう）

南海本線
［なんかいほんせん］

区間・距離難波～和歌山市 64.2km
軌間1067mm
電気方式直流1500V
全通1903年

31 / 25

- 難波　関西本線　南海高野線　近鉄難波線　阪神なんば線　地下鉄御堂筋線　地下鉄千日前線　地下鉄四つ橋線
- 新今宮　関西本線　大阪環状線　南海高野線　地下鉄御堂筋線　地下鉄堺筋線　阪堺電軌阪堺線
- 天下茶屋　南海高野線　地下鉄堺筋線
- 岸里玉出　南海高野線　南海汐見橋線
- 住吉大社　阪堺電軌上町線　阪堺電軌阪堺線
- 住之江
- 七道
- 堺
- 浜寺公園　阪堺電軌阪堺線

25 / 28

- 羽衣　阪和線　南海高師浜線
- 高石
- 泉大津
- 春木
- 岸和田
- 貝塚　水間鉄道
- 二色浜
- 泉佐野　南海空港線
- 岡田浦
- 淡輪
- みさき公園　南海多奈川線
- 紀ノ川　南海加太線
- 和歌山市　紀勢本線　南海和歌山港線

◆南海電気鉄道（なんかいでんきてつどう）

高野線
［こうやせん］

愛称汐見橋線（しおみばしせん）（汐見橋～岸里玉）
区間・距離汐見橋～岸里玉出4.6km／岸里玉出～極楽橋 59.9km
軌間1067mm
電気方式直流1500V
全通1929年

31

- 汐見橋　阪神なんば線　地下鉄千日前線
- 木津川
- 岸里玉出　南海高野線

31 / 25 / 29

- 岸里玉出　南海本線　南海汐見橋線
- 浅香山
- 堺東
- 三国ヶ丘　阪和線
- なかもず　泉北高速鉄道線　地下鉄御堂筋線
- 河内長野　近鉄長野線
- 三日市町
- 天見
- 橋本　和歌山線
- 極楽橋　高野山ケーブル

◆近畿日本鉄道（きんきにっぽんてつどう）

京都線
［きょうとせん］

区間・距離京都～大和西大寺 34.6km
軌間1435mm
電気方式直流1500V
全通1928年

18 / 21 / 24

- 京都　東海道新幹線　東海道本線　山陰本線　湖西線　奈良線　地下鉄烏丸線
- 竹田　地下鉄烏丸線
- 近鉄丹波橋　京阪本線
- 桃山御陵前　京阪本線
- 向島
- 小倉
- 伊勢田
- 大久保　奈良線
- 富野荘
- 新田辺　片町線
- 新祝園　片町線
- 木津川台
- 大和西大寺　近鉄橿原線　近鉄奈良線

◆近畿日本鉄道(きんきにっぽんてつどう)

橿原線
[かしはらせん]

区間・距離●大和西大寺～橿原神宮前 23.8km
軌間●1435mm
電気方式●直流1500V
全通●1923年

24

大和西大寺(近鉄京都線・近鉄奈良線) ― 尼ヶ辻 ― 西ノ京 ― 近鉄郡山 ― 筒井 ― 平端(近鉄天理線) ― ファミリー公園前 ― 田原本(近鉄田原本線) ― 大和八木(近鉄大阪線) ― 八木西口(■桜井線) ― 橿原神宮前(近鉄吉野線・近鉄南大阪線)

26

◆近畿日本鉄道(きんきにっぽんてつどう)

大阪線
[おおさかせん]

区間・距離●大阪上本町～伊勢中川 108.9km
軌間●1435mm
電気方式●直流1500V
全通●1930年

31 26 23

大阪上本町(近鉄難波線・地下鉄千日前線・地下鉄谷町線) ― 鶴橋(■大阪環状線・地下鉄千日前線) ― 今里 ― 布施(近鉄奈良線) ― 俊徳道(■おおさか東線) ― 長瀬 ― 河内山本(近鉄信貴線) ― 法善寺 ― 堅下(■関西本線・近鉄道明寺線) ― 安堂(近鉄道明寺線)

11

― 近鉄下田(■和歌山線) ― 大和高田(■和歌山線・■桜井線) ― 大和八木(近鉄橿原線) ― 桜井(■桜井線) ― 大和朝倉 ― 長谷寺 ― 榛原 ― 室生口大野 ― 名張 ― 伊賀神戸(伊賀鉄道伊賀線) ― 青山町 ― 川合高岡(■名松線) ― 伊勢中川(近鉄名古屋線・近鉄山田線)

26 12

◆近畿日本鉄道(きんきにっぽんてつどう)

名古屋線
[なごやせん]

区間・距離●伊勢中川～近鉄名古屋 78.8km
軌間●1435mm
電気方式●直流1500V
全通●1938年

12

伊勢中川(近鉄大阪線・近鉄山田線) ― 津新町 ― 津(■紀勢本線・伊勢鉄道) ― 白子 ― 伊勢若松(近鉄鈴鹿線) ― 長太ノ浦 ― 近鉄四日市(近鉄内部線・近鉄湯の山線) ― 近鉄富田(三岐鉄道三岐線) ― 桑名(■関西本線・三岐鉄道北勢線・養老鉄道) ― 近鉄長島 ― 近鉄弥富 ― 近鉄八田 ― 近鉄名古屋(■東海道新幹線・■東海道本線・■中央本線・■関西本線・名古屋臨海高速鉄道・名鉄名古屋線・地下鉄東山線・地下鉄桜通線)

8

◆近畿日本鉄道(きんきにっぽんてつどう)

難波線
[なんばせん]

区間・距離●大阪難波～大阪上本町 2.0km
軌間●1435mm
電気方式●直流1500V
全通●1970年

30,31

大阪難波(■関西本線・南海本線・南海高野線・阪神なんば線・地下鉄御堂筋線・地下鉄四つ橋線) ― 近鉄日本橋(地下鉄堺筋線・地下鉄千日前線) ― 大阪上本町(近鉄大阪線・地下鉄千日前線・地下鉄谷町線)

◆近畿日本鉄道(きんきにっぽんてつどう)

奈良線
[ならせん]

区間・距離●布施～近鉄奈良 26.7km
軌間●1435mm
電気方式●直流1500V
全通●1914年

23

布施(近鉄大阪線) ― 河内永和 ― 河内小阪 ― 河内花園 ― 東花園 ― 生駒(近鉄けいはんな線・近鉄生駒線・近鉄生駒山ケーブル) ― 学園前 ― 大和西大寺(近鉄京都線・近鉄橿原線) ― 近鉄奈良

31 24

◆近畿日本鉄道(きんきにっぽんてつどう)

南大阪線
[みなみおおさかせん]

区間・距離●大阪阿部野橋～橿原神宮前 39.8km
軌間●1067mm
電気方式●直流1500V
全通●1929年

25

大阪阿部野橋(■関西本線・■阪和線・■大阪環状線・地下鉄御堂筋線・地下鉄谷町線) ― 矢田 ― 河内天美 ― 河内松原 ― 藤井寺 ― 道明寺(近鉄道明寺線) ― 古市(近鉄長野線) ― 駒ヶ谷 ― 当麻寺 ― 尺土(近鉄御所線) ― 高田市 ― 橿原神宮前(近鉄吉野線・近鉄橿原線)

31 26

◆神戸電気鉄道(こうべでんきてつどう)

有馬線
[ありません]

区間・距離●湊川～有馬温泉 22.5km
軌間●1067mm
電気方式●直流1500V
全通●1928年

19

湊川(地下鉄西神・山手線・神戸高速南北線) ― 鈴蘭台(神戸電鉄粟生線) ― 箕谷 ― 谷上(北神急行北神線) ― 有馬口(神戸電鉄三田線) ― 有馬温泉

22

◆神戸電気鉄道(こうべでんきてつどう)

三田線
[さんだせん]

区間・距離●有馬口～三田駅 12.0km
軌間●1067mm
電気方式●直流1500V
全通●1928年

19

有馬口(神戸電鉄有馬線) ― 田尾寺 ― 横山(神戸電鉄公園都市線) ― 三田(■福知山線)

◆山陽電気鉄道（さんようでんきてつどう）

山陽電鉄本線
［さんようでんてつほんせん］

区間・距離●西代～山陽姫路 54.7km
軌間●1435mm
電気方式●直流1500V
全通●1968年

22 27 27 27 10

- 西代（神戸高速東西線）
- 板宿（地下鉄西神・山手線）
- 東須磨
- 須磨寺
- 山陽須磨（山陽本線）
- 須磨浦公園（須磨浦ロープウェイ）
- 山陽塩屋（山陽本線）
- 滝の茶屋
- 東垂水
- 山陽垂水（山陽本線）
- 舞子公園（山陽本線）
- 人丸前
- 山陽明石（山陽本線）
- 西新町
- 山陽魚住
- 播磨町
- 別府
- 高砂
- 大塩
- 八家
- 的形
- 白浜の宮
- 妻鹿
- 飾磨（山陽電鉄網干線）
- 亀山
- 山陽姫路（山陽新幹線、山陽本線、播但線、姫新線）

◆大阪市交通局（おおさかしこうつうきょく）

大阪市営地下鉄御堂筋線
［おおさかしえいちかてつ　みどうすじせん］

区間・距離●江坂～なかもず 24.5km
軌間●1435mm
電気方式●直流750V
全通●1970年

30 20 30 25 31

- 江坂（北大阪急行電鉄南北線）
- 東三国
- 新大阪（東海道新幹線、東海道本線、山陽新幹線）
- 西中島南方（阪急京都線）
- 中津
- 梅田（東海道本線、大阪環状線、福知山線、東西線、阪急京都線、阪急神戸線、阪急宝塚線、阪神本線、地下鉄谷町線、地下鉄四つ橋線）
- 淀屋橋（京阪本線、京阪中之島線）
- 本町駅（地下鉄中央線、地下鉄四つ橋線）
- 心斎橋（地下鉄長堀鶴見緑地線、地下鉄四つ橋線）
- なんば（関西本線、南海本線、南海高野線、近鉄難波線、阪神なんば線、地下鉄千日前線、地下鉄四つ橋線）
- 大国町（地下鉄四つ橋線）
- 動物園前（地下鉄堺筋線）
- 天王寺（関西本線、阪和線、大阪環状線、近鉄南大阪線、地下鉄谷町線、阪堺電軌上町線）
- 昭和町
- 西田辺
- 長居（阪和線）
- あびこ
- 北花田
- 新金岡
- なかもず（泉北高速鉄道線、南海高野線）

◆大阪市交通局（おおさかしこうつうきょく）

大阪市営地下鉄四つ橋線
［おおさかしえいちかてつ　よつばしせん］

区間・距離●西梅田～住之江公園 11.4km
軌間●1435mm
電気方式●直流750V
全通●1972年

31 30

- 西梅田（東海道本線、大阪環状線、福知山線、東西線、阪急京都線、阪急神戸線、阪急宝塚線、阪神本線、地下鉄御堂筋線、地下鉄谷町線）
- 肥後橋（京阪中之島線）
- 本町（地下鉄御堂筋線、地下鉄中央線）
- 四ツ橋（地下鉄御堂筋線、地下鉄長堀鶴見緑地線）
- なんば（関西本線、南海本線、南海高野線、近鉄難波線、阪神なんば線、地下鉄御堂筋線、地下鉄千日前線）
- 大国町（地下鉄御堂筋線）
- 花園町
- 岸里
- 玉出
- 北加賀屋
- 住之江公園（ニュートラム 南港ポートタウン線）

◆大阪市交通局（おおさかしこうつうきょく）

大阪市営地下鉄谷町線
［おおさかしえいちかてつ　たにまちせん］

区間・距離●大日～八尾南 28.3km
軌間●1435mm
電気方式●直流750V
全通●1983年

23 30 30 31 23

- 大日（大阪モノレール）
- 守口
- 太子橋今市（地下鉄今里筋線）
- 千林大宮
- 関目高殿
- 野江内代（おおさか東線）
- 都島
- 天神橋筋六丁目（阪急千里線、地下鉄堺筋線）
- 中崎町
- 東梅田（東海道本線、大阪環状線、福知山線、東西線、阪急京都線、阪急神戸線、阪急宝塚線、阪神本線、地下鉄御堂筋線、地下鉄四つ橋線）
- 南森町（東西線、地下鉄堺筋線）
- 天満橋（京阪本線、京阪中之島線）
- 谷町四丁目（地下鉄中央線）
- 谷町六丁目（地下鉄長堀鶴見緑地線）
- 谷町九丁目（近鉄大阪線、近鉄難波線、地下鉄千日前線）
- 四天王寺前夕陽ヶ丘
- 天王寺（関西本線、阪和線、大阪環状線、近鉄南大阪線、地下鉄御堂筋線、阪堺電軌上町線）
- 阿倍野（阪堺電軌上町線）
- 文の里
- 田辺
- 駒川中野
- 平野
- 喜連瓜破
- 出戸
- 長原
- 八尾南

◆大阪市交通局(おおさかしこうつうきょく)

大阪市営地下鉄堺筋線
[おおさかしえいちかてつ　さかいすじせん]

区間・距離●天神橋筋六丁目～天下茶屋 8.1km
軌間●1435mm
電気方式●直流1500V
全通●1993年

31

駅	接続路線
天神橋筋六丁目	阪急千里線、地下鉄谷町線
扇町	
南森町	■東西線、地下鉄谷町線
北浜	京阪本線、京阪中之島線
堺筋本町	地下鉄中央線
長堀橋	地下鉄長堀鶴見緑地線
日本橋	近鉄難波線、地下鉄千日前線
恵美須町	阪堺電軌阪堺線
動物園前	地下鉄御堂筋線
天下茶屋	南海本線、南海高野線

30

◆大阪市交通局(おおさかしこうつうきょく)

大阪市営地下鉄中央線
[おおさかしえいちかてつ　ちゅうおうせん]

区間・距離●コスモスクエア～長田 17.9km
軌間●1435mm
電気方式●直流750V
全通●1997年

31　23

駅	接続路線
コスモスクエア	南港ポートタウン線 ニュートラム
大阪港	
朝潮橋	
弁天町	■大阪環状線
九条	阪神なんば線
阿波座	地下鉄千日前線
本町	地下鉄御堂筋線、地下鉄四つ橋線
堺筋本町	地下鉄堺筋線
谷町四丁目	地下鉄谷町線
森ノ宮	■大阪環状線、地下鉄長堀鶴見緑地線
緑橋	地下鉄今里筋線
深江橋	
高井田	■おおさか東線
長田	近鉄けいはんな線

23　30

◆大阪市交通局(おおさかしこうつうきょく)

大阪市営地下鉄千日前線
[おおさかしえいちかてつ　せんにちまえせん]

区間・距離●野田阪神～南巽 13.1km
軌間●1435mm
電気方式●直流750V
全通●1981年

31

駅	接続路線
野田阪神	■東西線、阪神本線
玉川	
阿波座	地下鉄中央線
西長堀	地下鉄長堀鶴見緑地線
桜川	阪神なんば線、南海高野線
なんば	■関西本線、南海本線、南海高野線、近鉄難波線、阪神なんば線、地下鉄御堂筋線、地下鉄四つ橋線
日本橋	近鉄難波線、地下鉄堺筋線
谷町九丁目	近鉄難波線、近鉄大阪線、地下鉄谷町線
鶴橋	■大阪環状線、近鉄大阪線
今里	地下鉄今里筋線
新深江	
小路	
北巽	
南巽	

30

◆京都市交通局(きょうとしこうつうきょく)

京都市営地下鉄烏丸線
[きょうとしえいちかてつ　からすません]

区間・距離●国際会館～竹田 13.7km
軌間●1435mm
電気方式●直流1500V
全通●1997年

18

駅	接続路線
国際会館	叡山電鉄鞍馬線
松ヶ崎	
北山	
北大路	
鞍馬口	
今出川	
丸太町	
烏丸御池	地下鉄東西線
四条	阪急京都線
五条	
京都	■東海道新幹線、■東海道本線、■山陰本線、■湖西線、■奈良線、近鉄京都線
九条	
十条	
くいな橋	
竹田	近鉄京都線

◆京都市交通局(きょうとしこうつうきょく)

京都市営地下鉄東西線
[きょうとしえいちかてつ　とうざいせん]

区間・距離●六地蔵～太秦天神川 17.5km
軌間●1435mm
電気方式●直流1500V
全通●2008年

18

駅	接続路線
六地蔵	■奈良線、京阪宇治線
石田	
醍醐	
小野	
椥辻	
東野	
山科	■東海道本線、■湖西線、京阪京津線
御陵	京阪京津線
蹴上	
東山	
三条京阪	京阪本線、京阪鴨東線
京都市役所前	
烏丸御池	地下鉄烏丸線
二条城前	
二条	■山陰本線
西大路御池	
太秦天神川	京福嵐山本線

◆神戸市交通局(こうべしこうつうきょく)

神戸市営地下鉄西神・山手線
[こうべしえいちかてつ　せいしん・やまてせん]

区間・距離●新神戸～西神中央 22.7km
軌間●1435mm
電気方式●直流1500V
全通●1987年

27

駅	接続路線
新神戸	■山陽新幹線、北神急行電鉄北神線
三宮	■東海道本線、阪急神戸線、阪神本線、神戸高速東西線、地下鉄海岸線、ポートライナー
県庁前	
大倉山	
湊川公園	神戸電鉄有馬線、神戸高速南北線
上沢	
長田	神戸高速東西線
新長田	■山陽本線、地下鉄海岸線
板宿	山陽電鉄本線
妙法寺	
名谷	
総合運動公園	
学園都市	
伊川谷	
西神南	
西神中央	

22

◆路線別索引

路線名	区間（距離）	軌間	電気方式	全通	索引
◆JR西日本 関西高速鉄道[かんさいこうそくてつどう] 愛称：JR東西線	京橋～尼崎 12.5km	1067mm	直流1500V	1997年	京橋～尼崎 30
◆JR西日本 JR桜島線[じぇいあーるさくらじません] 愛称：JRゆめ咲線（西九条～桜島）	西九条～桜島 4.1km	1067mm	直流1500V	1905年	西九条～桜島 30
◆JR西日本 JRおおさか東線 [じぇいあーるおおさかひがしせん]	放出～久宝寺 9.2km（暫定）	1067mm	直流1500V	2008年	放出～JR河内永和 30／JR河内永和～新加美 31／久宝寺 23
◆JR西日本 関西空港線[かんさいくうこうせん]	日根野～関西空港 11.1km	1067mm	直流1500V	1994年	日根野～関西空港 28
◆JR西日本 草津線[くさつせん]	柘植～草津 36.7km	1067mm	直流1500V	1889年	柘植～油日 12／寺庄～草津 7
◆JR西日本 舞鶴線[まいづるせん]	東舞鶴～綾部 26.4km	1067mm	直流1500V	1904年	東舞鶴～梅迫 3／梅迫～綾部 6
◆JR西日本 小浜線[おばません]	敦賀～東舞鶴84.3 km	1067mm	直流1500V	1922年	敦賀～東舞鶴 3
◆JR西日本 姫新線[きしんせん]	姫路～新見158.1km	1067mm	非電化	1936年	姫路～播磨高岡 27／余部～西栗栖 6／千本～月田 5／中国勝山～新見 中四 5
◆JR西日本 参宮線[さんぐうせん]	多気～鳥羽 29.1km	1067mm	非電化	1911年	多気～鳥羽 12
◆JR西日本 名松線[めいしょうせん]	松阪～伊勢奥津 43.5km	1067mm	非電化	1935年	松阪～伊勢奥津 12
◆阪急電鉄[はんきゅうでんてつ] 嵐山線[あらしやません]	桂～嵐山 4.1km	1435mm	直流1500V	1928年	桂～嵐山 18
◆阪急電鉄[はんきゅうでんてつ] 千里線[せんりせん]	天神橋筋六丁目～北千里 13.6km	1435mm	直流1500V	1925年	天神橋筋六丁目～淡路 30／吹田～北千里 20
◆阪急電鉄[はんきゅうでんてつ] 箕面線[みのおせん]	石橋～箕面 4.0km	1435mm	直流1500V	1910年	石橋～箕面 20
◆阪急電鉄[はんきゅうでんてつ] 伊丹線[いたみせん]	塚口～伊丹 3.1km	1435mm	直流1500V	1920年	塚口～伊丹 20
◆阪急電鉄[はんきゅうでんてつ] 今津線[いまづせん]	宝塚～今津 9.3km	1435mm	直流1500V	1926年	宝塚～門戸厄神 20／門戸厄神～今津 23
◆阪急電鉄[はんきゅうでんてつ] 甲陽線[こうようせん]	夙川～甲陽園 2.2km	1435mm	直流1500V	1924年	夙川～苦楽園口 22／甲陽園 19
◆阪神電気鉄道[はんしんでんきてつどう] 武庫川線[むこがわせん]	武庫川～武庫川団地前 1.7km	1435mm	直流1500V	1943年	武庫川～武庫川団地前 23
◆阪神電気鉄道[はんしんでんきてつどう] 阪神なんば線[はんしんなんばせん]	尼崎～大阪難波 10.1km	1435mm	直流1500V	2008年	尼崎～大物 23／出来島～大阪難波 30
◆京阪電気鉄道[けいはんでんきてつどう] 京津線[けいしんせん]	御陵～浜大津 7.5km	1435mm	直流1500V	1925年	御陵～浜大津 18
◆京阪電気鉄道[けいはんでんきてつどう] 石山坂本線[いしやまさかもとせん]	石山寺～坂本 14.1km	1435mm	直流1500V	1927年	石山寺～坂本 18
◆京阪電気鉄道[けいはんでんきてつどう] 中之島線[なかのしません]	中之島～天満橋 3.0km	1435mm	直流1500V	2008年	中之島～天満橋 30
◆京阪電気鉄道[けいはんでんきてつどう] 交野線[かたのせん]	枚方市～私市 6.9km	1435mm	直流1500V	1929年	枚方市～私市 21
◆南海電気鉄道[なんかいでんきてつどう] 高師浜線[こうしのはません]	羽衣～高師浜 1.5km	1067mm	直流1500V	1919年	羽衣～高師浜 25
◆南海電気鉄道[なんかいでんきてつどう] 空港線[くうこうせん]	泉佐野～関西空港 7.8km	1067mm	直流1500V	1994年	泉佐野～関西空港 28
◆南海電気鉄道[なんかいでんきてつどう] 多奈川線[たながわせん]	みさき公園～多奈川 2.6km	1067mm	直流1500V	1944年	みさき公園~多奈川 28
◆南海電気鉄道[なんかいでんきてつどう] 加太線[かだせん]	紀ノ川～加太 2.9km	1067mm	直流1500V	1944年	紀ノ川～加太 28
◆南海電気鉄道[なんかいでんきてつどう] 和歌山港線[わかやまこうせん]	和歌山市～和歌山港 2.8km	1067mm	直流1500V	1956年	和歌山市~和歌山港 28
◆近畿日本鉄道[きんきにっぽんてつどう] けいはんな線[けいはんなせん]	長田～学研奈良登美ヶ丘 18.8km	1435mm	直流750V	2007年	長田～吉田 23／吉田～学研奈良登美ヶ丘 24
◆近畿日本鉄道[きんきにっぽんてつどう] 生駒線[いこません]	王寺～生駒12.4km	1435mm	直流1500V	1927年	王子～生駒 24
◆近畿日本鉄道[きんきにっぽんてつどう] 天理線[てんりせん]	平端～天理 4.5km	1435mm	直流1500V	1915年	平端～天理 24
◆近畿日本鉄道[きんきにっぽんてつどう] 田原本線[たわらもとせん]	西田原本～新王寺10.1km	1435mm	直流1500V	1918年	西田原本~新王子 26

路線名	区間(距離)	軌間	電気方式	全通	索引
◆近畿日本鉄道[きんきにっぽんてつどう] 信貴線[しぎせん]	河内山本～信貴山口 2.8km	1435mm	直流1500V	1930.年	河内山本～信貴山口 24
◆近畿日本鉄道[きんきにっぽんてつどう] 長野線[ながのせん]	古市～河内長野12.5km	1067mm	直流1500V	1902年	古市～河内長野 25
◆近畿日本鉄道[きんきにっぽんてつどう] 道明寺線[どうみょうじせん]	道明寺～柏原2.2km	1067mm	直流1500V	1898年	道明寺～柏原 26
◆近畿日本鉄道[きんきにっぽんてつどう] 御所線[ごせせん]	尺土～近鉄御所5.2km	1067mm	直流1500V	1930年	尺土～近鉄御所 26
◆近畿日本鉄道[きんきにっぽんてつどう] 吉野線[よしのせん]	橿原神宮前～吉野 25.2km	1067mm	直流1500V	1928年	橿原神宮前～市尾 26／葛～吉野 29
◆大阪市交通局[おおさかしこうつうきょく] 長堀鶴見緑地線 [ながほりつるみりょくちせん]	大正～門真南 8.5km	1435mm	直流1500V	1997年	大正～横堤 30／鶴見緑地~門真南 23
◆大阪市交通局[おおさかしこうつうきょく] 大阪市営地下鉄今里筋線 [おおさかしえいちかてつ いまざとすじせん]	井高野～今里 11.9km	1435mm	直流1500V	2006年	井高野～瑞光四丁目 20／だいどう豊里～今里 30
◆大阪市交通局[おおさかしこうつうきょく] 南港ポートタウン線 [なんこうぽーとたうんせん] 愛称：ニュートラム	コスモスクエア～住之江公園 14.3km	側方案内軌条式	三相交流600V	1997年	コスモスクエア～ポートタウン東 23／ 南港東～住之江公園 31
◆北大阪急行電鉄 [きたおおさかきゅうこうでんてつ] 南北線[なんぼくせん]	江坂～千里中央 5.9km	1435mm	直流750V	1970年	江坂～千里中央 20
◆大阪府都市開発[おおさかふとしかいはつ] 泉北高速鉄道線 [せんぼくこうそくてつどうせん]	中百舌鳥～和泉中央 14.3km	1067mm	直流1500V	1995年	中百舌鳥～和泉中央 25
◆大阪高速鉄道[おおさかこうそくてつどう] 大阪モノレール線 [おおさかものれーるせん]	大阪空港～門真市21.2km	跨座式	直流1500V	1997年	大阪空港～南摂津 20／大日～門真市 23
◆大阪高速鉄道[おおさかこうそくてつどう] 国際文化公園都市線 [こくさいぶんかこうえんとしせん] 愛称：彩都線	万博記念公園～彩都西6.8km	跨座式	直流1500V	2007年	万博記念公園～彩都西 20
◆阪堺電気軌道[はんかいでんききどう] 阪堺線[はんかいせん]	恵美須町～浜寺駅前14.8km	1435mm	直流600V	1912年	恵美須町～高須神社 31／綾ノ町～浜寺駅前 25
◆阪堺電気軌道[はんかいでんききどう] 上町線[うえまちせん]	天王寺駅前～住吉公園4.6km	1435mm	直流600V	1913年	天王寺駅前～住吉公園 31
◆水間鉄道[みずまてつどう] 水間線[みずません]	貝塚～水間観音5.5km	1067mm	直流1500V	1934年	貝塚～近義の里 25／石才～水間観音 28
◆叡山電鉄[えいざんでんてつ] 叡山本線[えいざんほんせん]	出町柳～八瀬比叡山口 5.6km	1435mm	直流600V	1925年	出町柳～八瀬比叡山口 18
◆叡山電鉄[えいざんでんてつ] 鞍馬線[くらません]	宝ヶ池～鞍馬 8.8km	1435mm	直流600V	1929年	宝ヶ池～京都精華大前 18／二軒茶屋 ～鞍馬 7
◆京福電気鉄道[けいふくでんきてつどう] 嵐山本線[あらしやまほんせん]	四条大宮～嵐山 7.2km	1435mm	直流600V	1910年	四条大宮～嵐山 18
◆京福電気鉄道[けいふくでんきてつどう] 北野線[きたのせん]	北野白梅町～帷子ノ辻 3.6km	1435mm	直流600V	1926年	北野白梅町～帷子ノ辻 18
◆嵯峨野観光鉄道[さがのかんこうてつどう] 嵯峨野観光線[さがのかんこうせん]	トロッコ嵯峨～トロッコ亀岡7.3km	1067mm	非電化	1991年	トロッコ嵯峨～トロッコ保津峡 18／トロッコ亀岡 7
◆近江鉄道[おうみてつどう] 近江鉄道本線 [おうみてつどうほんせん]	米原～貴生川 47.7km	1067mm	直流1500V	1931年	米原～貴生川 8
◆近江鉄道[おうみてつどう] 八日市線[ようかいちせん]	八日市～近江八幡 9.3 km	1067mm	直流1500V	1946年	八日市～近江八幡 7
◆近江鉄道[おうみてつどう] 多賀線[たがせん]	高宮～多賀大社前 2.5km	1067mm	直流1500V	1914年	高宮～多賀大社前 8
◆信楽高原鐵道[しがらきこうげんてつどう] 信楽線[しがらきせん]	貴生川～信楽 14.7km	1067mm	非電化	1933年	貴生川～信楽 7
◆伊賀鉄道[いがてつどう] 伊賀線[いがせん]	伊賀上野～伊賀神戸 16.6km	1067mm	直流1500V	1922年	伊賀上野～伊賀神戸 11
◆山陽電気鉄道[さんようでんきてつどう] 網干線[あぼしせん]	飾磨～山陽網干 8.5km	1435mm	直流1500V	1941年	飾磨～山陽網干 27
◆神戸高速鉄道[こうべこうそくてつどう] 東西線[とうざいせん]	西代～阪急三宮 5.7km 高速神戸～元町 1.5km	1435mm	直流1500V	1968年	西代～阪急三宮 22 高速神戸～元町 22
◆神戸高速鉄道[こうべこうそくてつどう] 南北線[なんぼくせん]	新開地～湊川 0.4km	1067mm	直流1500V	1968年	新開地～湊川 22
◆神戸電鉄[こうべでんてつ] 公園都市線[こうえんとしせん]	横山～ウッディタウン中央 5.5km	1067mm	直流1500V	1991年	横山～ウッディータウン中央 19
◆神戸電鉄[こうべでんてつ] 粟生線[あおせん]	鈴蘭台～粟生 29.2km	1067mm	直流1500V	1952年	鈴蘭台～木幡 22／栄～三木 27／大村～粟生 10

路線名	区間(距離)	軌間	電気方式	全通	索引
◆北神急行電鉄[ほくしんきゅうこうでんてつ] 北神線[ほくしんせん]	新神戸～谷上 7.5km	1435mm	直流1500V	1988年	新神戸 22／谷上 19
◆能勢電鉄[のせでんてつ] 妙見線[みょうけんせん]	川西能勢口～妙見口 12.2km	1435mm	直流1500V	1923年	川西能勢口～妙見口 20
◆能勢電鉄[のせでんてつ] 日生線[にっせいせん]	山下～日生中央 2.6km	1435mm	直流1500V	1978年	山下～日生中央 20
◆北条鉄道[ほうじょうてつどう] 北条線[ほうじょうせん]	粟生～北条町 13.6km	1067mm	非電化	1915年	粟生～長 10／小野～北条町 6
◆神戸市交通局[こうべしこうつうきょく] 神戸市営地下鉄海岸線 [こうべしえいちかてつ　かいがんせん]	三宮・花時計前～新長田 7.9km	1435mm	直流1500V	2001年	三宮・花時計前～新長田 22
◆神戸新交通[こうべしんこうつう] ポートアイランド線 [ぽーとあいらんどせん] 愛称：ポートライナー	三宮～神戸空港8.2km 市民広場～中公園2.6km	側方案内式	三相交流600V・60Hz	2006年	三宮～神戸空港 22 市民広場～中公園 22
◆神戸新交通[こうべしんこうつう] 六甲アイランド線 [ろっこうあいらんどせん] 愛称：六甲ライナー	住吉～マリンパーク4.5km	側方案内式	三相交流600V・60Hz	1990年	住吉～マリンパーク 22
◆智頭急行[ちずきゅうこう] 智頭線[ちずせん]	上郡～智頭56.1km	1067mm	非電化	1994年	上郡～智頭 5
◆北近畿タンゴ鉄道 [きたきんきたんごてつどう] 宮福線[みやふくせん]	宮津～福知山 30.4km	1067mm	直流1500V	1988年	宮津～福知山 2
◆北近畿タンゴ鉄道 [きたきんきたんごてつどう] 宮津線[みやつせん]	西舞鶴～豊岡 83.6km	1067mm	直流1500V (宮津～天橋立) 非電化 (西舞鶴～宮津／天橋立～豊岡)	1932年	西舞鶴～豊岡 2
◆和歌山電鐵[わかやまでんてつ] 貴志川線[きしがわせん]	和歌山～貴志14.3km	1067mm	直流600V (宮津～天橋立)	1933年	和歌山～貴志 28
◆紀州鉄道[わかやまでんてつ] 紀州鉄道線[きしゅうてつどうせん]	御坊～西御坊 2.7km	1067mm	非電化	1934年	御坊～西御坊 16
◆京福電気鉄道[けいふくでんきてつどう] 鋼索線[こうさくせん] 愛称：叡山ケーブル	ケーブル八瀬～ケーブル比叡 1.3km	1067mm		1925年	ケーブル八瀬～ケーブル比叡 18
◆比叡山鉄道[ひえいざんてつどう] 比叡山鉄道線 [ひえいざんてつどうせん] 愛称：比叡山坂本ケーブル	ケーブル坂本～ケーブル延暦寺 2.0km	1067mm		1927年	ケーブル坂本～ケーブル延暦寺 18
◆鞍馬寺[くらまでら] 鞍馬寺鋼索鉄道 [くらまでらこうさくてつどう] 愛称：鞍馬寺ケーブル	山門～多宝塔 0.2km	800mm		1957年	山門～多宝塔 7
◆京阪電気鉄道[けいはんでんきてつどう] 京阪鋼索線[けいはんこうさくせん] 愛称：男山ケーブル	八幡市～男山山上 0.4km	1067mm		1926年	八幡市～男山山上 21
◆近畿日本鉄道[きんきにっぽんてつどう] 生駒鋼索線[生駒鋼索線] 愛称：生駒ケーブル	宝山寺線(鳥居前～宝山寺) 0.9km 山上線(宝山寺～生駒山上) 1.1km	1067mm		1930年	鳥居前～宝山寺 24 宝山寺～生駒山上 24
◆近畿日本鉄道[きんきにっぽんてつどう] 西信貴鋼索線[にししぎこうさくせん] 愛称：西信貴ケーブル	信貴山口～高安山 1.3km	1067mm	直流600V	1930年	信貴山口～高安山 24
◆神戸市都市整備公社 [こうべしとしせいびこうしゃ] 摩耶ケーブル線[まやけーぶるせん] 愛称：まやビューライン夢散歩	摩耶ケーブル～虹 0.9km	1067mm		1925年	摩耶ケーブル～虹 22
◆六甲摩耶鉄道[ろっこうまやてつどう] 六甲ケーブル線 [ろっこうけーぶるせん]	六甲ケーブル下～六甲山上 1.7km	1067mm		1930年	六甲ケーブル下～六甲山上 22
◆能勢電鉄[のせでんてつ] 能勢電鉄鋼索線 [のせでんてつこうさくせん] 愛称：妙見ケーブル	黒川～ケーブル山上0.6km	1435mm		1925年	黒川～ケーブル山上 7
◆南海電気鉄道[なんかいでんきてつどう] 鋼索線[こうさくせん] 愛称：高野山ケーブル	極楽橋～高野山 0.8km	1067mm		1930年	極楽橋～高野山 29

道路

◆高速道路・有料道路　※サービスエリア・パーキングエリアの形状は縮尺によって異なります

インターチェンジ
京都東
サービスエリア・パーキングエリア
龍野西SA
都市高速番号
1
2車線
4車線
多車線
トンネル
計画

◆一般道路

都道府県道番号
※縮尺1:40,000以上の地図
国道番号
インターチェンジ
五月橋
1
1
徒歩道
トンネル
計画

その他の地図記号

都道府県庁	滝	デパート
市役所	道の駅	NTT
区役所・役場	えびの高原 著名観光地	工場
神社	官公署	工業団地
寺院	警察署	発電所
温泉	普通郵便局	変電所
日帰り入浴施設	消防署	墓地
海水浴場	学校	教会
名水	病院	スキー場
桜の名所	ホテル	ゴルフ場
花の名所	銀行	空港
紅葉・新緑の名所		

※一部の記号は縮尺1:40,000以上の地図のみに掲載

境界線

都道府県界　市区町村界　町・大字界

※縮尺1:40,000以上の地図

日本の百選

官公庁が主体となって選定したものから、個人が独自の観点で選定したものまで、16の百選を紹介。中には鉄道に関連する選定物もあります。

名水百選　**名水百選**　全国の清澄な水について、その再発見に努め国民に紹介し、国民の水質保全への認識を深めるために1985年に環境庁(当時)が選定。

平成名水百選　**平成の名水百選**　水環境保全の推進をより一層図ることを目的として、2008年に環境省が選定。地域住民による持続的な保全活動が評価されたものが多い。

百名山　**日本百名山**　登山家／文筆家・深田久弥の著書『日本百名山』に掲載された山。選定基準は山の「品格」「歴史」「個性」の3つ。

渚百選　**日本の渚・百選**　1996年「海の日」が国民の祝日になったことから、海の恵みに感謝し、海を大切にする心を育むことを目的として優れた「渚」を選定。

道100選　**日本の道100選**　1986年に道の日(8月10日)の制定を記念して、日本の特色ある優れた道路を、建設省(当時)と「道の日」実行委員会で選定。

滝百選　**日本の滝百選**　世界に類を見ない滝の宝庫である日本。自然との共生や環境保全を目的として、全国から公募した中から選定された、日本を代表する滝。

100名城　**日本の100名城**　2006年全国各地の名城探訪の手がかりとして選定。文化財や歴史上の重要性、復元の正確性、観光地としての知名度などが基準。

都市公園100選　**日本の都市公園100選**　身近にある緑地公園に対する愛護意識を喚起し、公園整備の推進を図ることが目的。地域の人々が親しみ、誇りとしている公園の中から選定。

さくら100選　**日本のさくらの名所100選**　1990年に日本さくらの会が、日本を代表する特色ある優れたさくらの名所100箇所を選定。名所の保存、育成に努める。

棚田百選　**日本の棚田百選**　1997年に農林水産省が、全国の棚田から134の地区を選定。田植え体験やオーナー制度を実施するなど保全活動に努めている。

漁村百選　**未来に残したい漁業漁村の歴史文化財百選**　2006年に水産庁が、漁村に残る歴史的・文化的に価値の高い施設や工法、伝統行事、食文化、景観などさまざまな角度から選定。

灯台50選　**日本の灯台50選**　1998年に一般から募集し、明治初期に建設された灯台、参観できる灯台、地元に昔から親しまれている灯台などが選ばれた。

峠100選　**日本の峠100選**　全国の峠の中から、歴史上・現在の重要度、標高、標高差、展望の優劣やトンネル存否などを判断基準として、昭文社が選定。

伝建地区　**重要伝統的建造物群保存地区**　城下町、宿場町、門前町など歴史的な集落、町並みを伝統的建造物群保存地区として市町村が保存。その中から価値の高いものを国が選定。

音100選　**日本の音風景100選**　人々が地域のシンボルとして大切にし、将来に残していきたいと願っている音の聞こえる「音環境」を公募した中から選定。

かおり100選　**日本のかおり風景100選**　豊かなかおりとその源になる自然や文化・生活を一体として将来に残し、伝えていくため、「かおり風景」を募集し、特に優れたものを認定。

※特定の場所に限定されない物件や、広範囲で指定されている物件はおおよその位置で示しています。また、一部の名称には、市町村合併前の旧行政名で表記しているものがあります。

Railway mapple 関西

レールウェイ マップル
鉄道地図帳

2010年　1版1刷発行
ISBN978-4-398-65305-5

発行人●黒田茂夫

発行所●昭文社
[本社] 〒102-8238 東京都千代田区麹町3-1
TEL 03-3556-8111(代表)
[支社] 〒532-0011 大阪市淀川区西中島6-11-23
TEL 06-6303-5721(代表)
ホームページ http://www.mapple.co.jp/

監修●梅原 淳

編集・制作●ニノランド

編集●篠原史臣／鳳梨舎 [杉本聖一、高田尚人、米谷 実]

マップリサーチ●大垣善昭／大野雅人／結解 学／坂本達也／史絵.
篠原史臣／多川享子／武田 毅／種村和人
ニノランド [宮北優子、竹内春子、新藤明美、青木 彬]
鳳梨舎 [杉本聖一、高田尚人、米谷 実] ／村上佳義

特集取材・文●池口英司／杉浦 誠／関田祐市／種村和人
平賀尉哲／吉永直子

校正●オフィス プラネイロ／東京出版サービスセンター／ジェオ／田川英信

写真撮影・提供●伊丹 恒／斎藤幹雄／杉本聖一／関田祐市／種村和人
滝野沢優子／南海フェリー／平賀尉哲／松本洋一／米谷 実／RGG

本文デザイン●スタジオ・ポット [小久保由美、和田悠里、山田信也]

DTP制作●スタジオ・ポット／明昌堂

地図制作協力●ウィリング／エムズワークス／周地社

企画・編集・制作●昭文社 地図編集部

主な参考文献・参考資料・参考ホームページ●国鉄監修時刻表 各号(日本交通公社)／JTB時刻表 各号(JTBパブリッシング)／JNR編集時刻表 1987年4月号(弘済出版社)／JR時刻表 各号(弘済出版社、交通新聞社)／貨物時刻表(鉄道貨物協会)／道内時刻表 各号(弘済出版社、交通新聞社)／東急電鉄時刻表(東京急行電鉄)／週刊鉄道データファイル 各号(ディアゴスティーニ・ジャパン)／鉄道ファン 各号(交友社)／鉄道ジャーナル 各号(鉄道ジャーナル社、成美堂出版)／鉄道ピクトリアル(電気車研究会・鉄道図書刊行会)／国土交通省鉄道局監修 平成二十一年度 鉄道要覧(電気車研究会・鉄道図書刊行会)／日本国有鉄道旅客局 日本国有鉄道停車場一覧(日本交通公社)／私鉄全線全駅(交通新聞社)／全線全駅鉄道の旅 各巻(小学館)／日本鉄道名所 勾配・曲線の旅 各巻(小学館)／日本の駅舎(JTBパブリッシング)／鉄道廃線跡を歩く 各巻(JTBパブリッシング)／鉄道未成線を歩く 各巻(JTBパブリッシング)／停車場変遷大辞典 国鉄・JR編(JTBパブリッシング)／日本鉄道旅行地図帳 各巻(新潮社) 東京幹線工事局編 東海道新幹線工事誌(東京第二工事局)・静岡幹線工事局編 東海道新幹線工事誌(東京第二工事局)／日本国有鉄道・名古屋幹線工事局共編 東海道新幹線工事誌名古工篇(岐阜工事局)／日本国有鉄道大阪第二工事局編 東海道新幹線工事誌(日本国有鉄道大阪電気工事局)／日本国有鉄道大阪第二工事局編 山陽新幹線新大阪・岡山間電気工事誌(日本国有鉄道大阪電気工事局)／日本国有鉄道新幹線建設局編 山陽新幹線岡山博多間工事誌(日本国有鉄道新幹線建設局)東北新幹線工事誌 大宮・盛岡間(日本国有鉄道)／東北新幹線工事誌 上野・大宮間(日本国有鉄道)／日本鉄道建設公団盛岡支社編 東北新幹線工事誌 盛岡・八戸間(日本鉄道建設公団盛岡支社)日本鉄道建設公団編 上越新幹線工事誌 大宮・新潟間(日本鉄道建設公団)／日本鉄道建設公団北陸新幹線建設局編 北陸新幹線工事誌 高崎・長野間(日本鉄道建設公団北陸新幹線建設局)／東日本旅客鉄道株式会社東京工事事務所編 北陸新幹線工事誌 東京乗入れ工事(東日本旅客鉄道東京工事事務所)／鉄道建設・運輸施設整備支援機構鉄道建設本部九州新幹線建設局編 九州新幹線工事誌 新八代・西鹿児島間(鉄道建設・運輸施設整備支援機構鉄道建設本部九州新幹線建設局)
国土交通省ホームページ／経済産業省ホームページ／文化庁ホームページ／各都道府県ホームページ／各市町村ホームページ／JRグループ各社ホームページ／各鉄道事業会社ホームページ／各バス事業会社・事業所ホームページ／各市町村観光協会ホームページ／各駅ビル運営会社ホームページ／各博物館・記念館ホームページ／各鉄道保存会ホームページ

●この地図の作成に当たっては、国土地理院長の承認を得て、同院発行の2万5千分の1地形図 5万分の1地形図 20万分の1地勢図 50万分の1地方図、100万分の1日本を使用した。(承認番号 平21業使、第35-653055号 平21業使、第36-653055号 平21業使、第37-653055号 平21業使、第38-653055号)●この地図のシェーディング作成に当たっては、「地形モデル作成方法」(特許第2623449号)を使用しました。●本書に掲載の経緯度表示は世界測地系を採用しております。●方位記号のない図は、すべて上方を真北としています。●本書に掲載されている鉄道情報は、2009年8月～11月までに調査・取材をした内容をもとに編集、その他の地図情報については2010年1月までに収集した情報に基づいて編集しております。変更されている場合がありますのでご了承ください。また、市町村合併その他の情報に関しましては、2010年3月末までに実施されるものを予め反映しております。予定が変更になる可能性もあることをご了承ください。

※定価は表紙に表示してあります　※落丁・乱丁がありましたら当社あてにお送りください。代替品と送料をお送りいたします